D1858011

EVA EXNER

Leckerbissen für sparsame Tage

Eva Exner

LECKERBISSEN FÜR SPARSAME TAGE

BASTEI LÜBBE

© Copyright 1974 by Kochbuchverlag Heimeran KG, München
Lizenzausgabe: Gustav Lübbe Verlag GmbH,
Bergisch Gladbach
Printed in Western Germany 1976
Einbandgestaltung: Studio Schob
Titelfoto und Bildtafeln: Gruner + Jahr
Illustration: Roland Winkler
Gesamtherstellung: Ebner, Ulm
ISBN: 3-404-05155-6

Der Preis dieses Bandes versteht sich einschließlich
der gesetzlichen Mehrwertsteuer

Inhalt

Alle Rezepte sind, wo nicht anders vermerkt, für vier Personen berechnet.

Von der Kunst, richtig einzukaufen, zu kochen und zu genießen

»Sparsamkeit ist poetisch,
weil sie schöpferisch ist.«
Chesterton

Kennen Sie den Freiherrn Carl Friedrich von Rumohr? Er lebte, unverheiratet übrigens und deshalb für den Inhalt von Tellern und Schüsseln selbst verantwortlich, von 1785 bis 1843, und zwar meist auf Reisen. Auf diesen Fahrten rund um die Welt lernte er fremde Küchen kennen und lieben. Hier bildete er Meinungen und Grundsätze, die er in seinem Buch »Vom Geist der Kochkunst« niederschrieb.

Seine Liebe galt den volkstümlichen Küchen, in denen jedes Nahrungsmittel ganz seiner unverwechselbaren Eigenart entsprechend zubereitet und auf allzu viele verfremdende Raffinessen verzichtet wird.

Der »Geist der Kochkunst« wurde viel gekauft und viel gelesen. Und wird auch heute noch von Kennern kulinarischer und literarischer Genüsse geliebt. Sie werden Zitaten daraus hier in diesem Bändchen noch begegnen, weil sie immer wieder zeigen, daß Leckeres nicht teuer zu sein braucht. Zum Beispiel:

»Ich nehme nicht anstand«, sagt er, »zu behaupten, daß es ungleich mehr darauf ankomme, alle Tage des Jahres ein hinlängliches, wohlanständiges, reinliches, einladendes Mahl zu haben, als von Zeit zu Zeit ein prachtvolles und reichliches Gastgebot.

Eben daher bin ich standhaft darauf bedacht, stets die wohlfeilsten und zuträglichsten Nahrungsmittel in ihrer besten Bereitung zu beschreiben.

Wer nun meinen Geist recht gefaßt hat, dem wird es im ganzen Laufe des Jahres nicht an mancherlei Speisen fehlen, welche auch da, wo dem Überfluß entsagt werden muß, den Tisch hinreichend und ergötzlich besetzen.«
Wir haben nun mit den folgenden Rezepten versucht, den »rechten Geist« zu erfassen und Ihnen Anregungen zu geben, mit ein wenig Nachdenken, mit Phantasie und auch mit Mut zu nicht ganz Alltäglichem einzukaufen, zu kochen und zu genießen.
Sie werden nicht nur einfache Sparrezepte finden, sondern Gerichte, mit denen Sie auch bei Gästen und Festen Ehre einlegen können, denn es ist nicht schwer, nur »hinreichend« zu servieren, wenn scharf gerechnet werden muß. »Ergötzlich« soll der Tisch besetzt sein!
Sie werden sehen – es ist gar nicht so schwer!
Doch, lassen Sie uns noch einmal zitieren.
»Das Sparen ist eine Kunst, zu der man ein gewisses Talent mitbringen muß, die man aber mit einer sehr bescheidenen Begabung erlernen kann, wenn man den guten Willen dazu hat und sich nicht töricht die Augen selber blendet. Sparen heißt nicht, billig kaufen und seine Bedürfnisse einschränken. Sparen heißt, Augen und Ohren offenhalten, sich jeden Wink, jede Lehre, jede Neuerung zunutze machen, nur das anschaffen, was nötig ist und dabei weniger auf das ›billig‹ als auf das ›gut‹ achten«, empfiehlt die Familienzeitschrift »Die Gartenlaube« vor beinahe hundert Jahren. Weil dieser Rat heute so aktuell und gültig ist wie damals, sollten wir ihn uns näher ansehen.

Es ist richtig: zum sparsamen Wirtschaften ist keine besondere Begabung nötig. Wichtig ist nur der gute Wille. Wer aus Bequemlichkeit versäumt, die Preise zu vergleichen, muß das teuer bezahlen. Jeden Tag läßt sich aufs neue beobachten, daß das gleiche Produkt in nur wenigen Meter voneinander entfernten Geschäften im Preis um Markbeträge differieren kann. Lohnt es sich nicht, das zu nutzen? Es gilt also, mit offenen Augen günstigen Angeboten nachzuspüren.
Doch begegnen Sie bitte auch Sonderangeboten nicht stets mit unbeschränktem Vertrauen. Denn oft sind sie nicht wirklich billig, sondern sollen nur helfen, überfüllte Regale schnell zu leeren, ohne daß die Preise wirklich herabgesetzt wurden. Allein der Hinweis auf ein Sonderangebot sollte nie ohne Prüfung zum Kauf verleiten. Ebensowenig dürfen Sie übersehen, daß teuer nicht immer erste Qualität bedeuten muß. Der nächste Tip für den sparsamen Einkauf lautet: Seien Sie kleinlich bei den eingekauften Mengen. Nur fünfzig Gramm Fleisch über den tatsächlichen Bedarf hinaus gekauft, schaden dem Geldbeutel, sind aber bei der Mahlzeit ganz ohne Bedeutung. Als Ausnahme gilt nur, wenn Sie von vornherein Reste einplanen. Faustregel für den Großeinkauf im Supermarkt ist Selbstdisziplin. Sie zahlt sich in barer Münze aus. Denn oft wird die tatsächliche Einsparung aus der Preisreduzierung einzelner Produkte oder durch Großpackungen vom unüberlegten Mitnehmen überflüssiger Ware wieder aufgezehrt.

Daß jahreszeitlich oder konjunkturbedingte Billigangebote für Gemüse, Obst, Fleisch, aber auch Industrieprodukte die Gestaltung des Küchenzettels maßgeblich beeinflussen sollten, liegt auf der Hand.

Viele preiswerte Fleischgerichte

Fleisch hält noch immer in allen deutschsprachigen Ländern unerschütterlich und mit großem Abstand die Spitze der Beliebtheit unter allen Nahrungsmitteln. Das muß beim Planen des Speisezettels beachtet werden. Doch freuen wir uns darüber, denn gerade am Fleisch läßt sich aufs beste sparen!

Ob Sie zum Hackfleisch, besonders oft im Sonderangebot zu finden, oder zu den meist günstigen Innereien greifen – richtig gewürzt und mit Phantasie zubereitet, sind sie allemal ein Leckerbissen.

Oder schätzen Sie schon lange die hauptsächlich in ausländischen Küchen immer wieder gerne verwendeten Rippchen oder Füße vom Schwein und Kalb? Daß sie, geschmort oder gebraten, herzhafte Mahlzeiten ergeben, werden Ihnen die folgenden Rezepte zeigen.

Übrigens lassen sich auch preiswerte Stücke vorzüglich zum Kurzbraten verwenden. So ersetzen Schweinehals und Schulterfleisch, sehr dünn geschnitten, sehr gut das viel kostspieligere Schnitzel.

Rinderbraten, aus Tiefkühlimporten oft erstaunlich billig angeboten, läßt sich auch zu Steaks verarbeiten: Schneiden Sie die Scheiben quer zum Faserverlauf, und Ihr Pfannengebratenes wird zart und ohne Tadel. Am sichersten allerdings ist es, wenn Sie dieses Bratenfleisch zu Hause noch ablagern. Geben Sie es dazu mindestens eine Woche lang ins Tiefkühlfach des Kühlschranks oder in die Kühltruhe – lassen Sie sich vom Effekt überraschen. Und werfen Sie spätestens jetzt eventuelle Vorurteile gegen Hammel und Lamm über Bord, es lohnt!

Hackfleischgerichte

Wie viele Rezepte kennen Sie, um Hackfleisch lecker zu Tisch zu bringen? So viele es auch sein mögen – es gibt gewiß noch unzählige mehr, die es zu kennen lohnt! Denn gerade mit Hackfleisch, das sich durch Beigabe von Brot oder Reis so herrlich strecken läßt, wird in allen Küchen rings um den Erdball gekocht und gebraten – mit viel Phantasie und wenig Geld!

Pikante Fleischbällchen

400 g Hackfleisch, 250 g Zwiebeln, 1 EL gehackte Petersilie, 1 Knoblauchzehe, 1 EL Weinbrand, 1 EL Zitronensaft, 1 kl. Ei, 1 Brötchen, Salz, Pfeffer, 1 EL geriebener Käse, 2 EL Semmelmehl, Mehl zum Panieren, Fett zum Backen.

Aus Hackfleisch und den geschälten, grob gehackten, mit kochendem Wasser überbrühten (das Überbrühen macht sie weicher und zarter!) Zwiebeln, Petersilie, dem gepreßten Knoblauch, Weinbrand und Zitronensaft einen pikanten Fleischteig rühren. Das Ei und das eingeweichte und wieder gut ausgedrückte Brötchen dazugeben. Mit Salz und Pfeffer abschmecken, dann den Käse und das Semmelmehl einrühren. 10 Minuten durchziehen lassen. Formen Sie daraus tischtennisballgroße Kugeln, die in Mehl gewälzt und in erhitztem Fett rundum goldbraun gebacken werden.

Mit Spießchen serviert, passen diese Bällchen sehr gut zur Bewirtung einer Partyrunde. Oder zu jeder Art von Gemüse und Salat.

So lassen sich die Fleischbällchen verändern: Flach drücken, auf eine Scheibe Toastbrot legen.

Mit einer Scheibe Käse bedecken, überbraten.

Oder den Fleischteig mit kleingehackten Pfefferschötchen schärfen.

Oder etwas zerbröselten Pfefferminztee untermischen.

Russische Buletten

1 Zwiebel, 50 g durchwachsener Speck, 400 g mageres Rinderhackfleisch, 2–4 gekochte Kartoffeln, 1 Becher Joghurt, 2 EL Semmelmehl, Salz, Pfeffer.

Die Zwiebel hacken, mit dem gewürfelten Speck ausbraten. Zusammen mit dem Hackfleisch und den gekochten Kartoffeln zweimal durch den Fleischwolf geben, so daß eine völlig glatte Masse entsteht. Mit dem Joghurt verrühren, Semmelmehl dazugeben. Mit Salz und Pfeffer schärfen. Buletten formen, in der Pfanne backen.

Amerikanische Buletten (Cheeseburgers)

eignen sich besonders gut, um einfach in ein aufgeschnittenes Brötchen gelegt zu werden. Bedecken Sie dazu die Frikadellen, nach dem gebräuchlichen deutschen oder russischen vorausgegangenen Rezept bereitet, mit einer Käsescheibe. Kurz übergrillen und dann auf die Brötchenhälfte legen. Auf einem Salatblatt angerichtet, wird das meist als originelle eigenständige Mahlzeit anerkannt. Mit Tomatenketchup servieren.

Jugoslawische Čevapčiči

400 g Rinderhackfleisch, Salz, Pfeffer, Paprika, 2 Pfefferschötchen, 2 Knoblauchzehen, 1/2 Tasse heiße Milch, Zwiebeln.

Das Hackfleisch mit Salz, Pfeffer, Paprika und den kleingeschnittenen Pfefferschoten sowie dem gepreßten Knoblauch sehr scharf abschmecken. Mit der Milch sämig machen. Formen Sie nun fingerdicke, fingerlange Würstchen, die entweder mit wenig Fett in der Pfanne gebacken oder unterm Grill scharf überbraten werden. Mit vielen in dünne Ringe geschnittenen Zwiebeln zu schwarzem Brot servieren.

Gewürz-Haschee

400 g gemischtes Hackfleisch, 1 EL Öl, 1 große Zwiebel, Salz, Pfeffer, 3 Gewürzkörner, $^1/_4$ Lorbeerblatt, 2 Gewürznelken, etwas Muskatnuß, 1 Pfeffergurke, $^1/_2$ Zitrone, etwas Sardellenpaste, 1 TL Stärkemehl.

Das Hackfleisch unter ständigem Zerpflücken mit der Gabel im Öl anschmoren. Die Zwiebel dazureiben. Mit Salz und Pfeffer bestäuben. Gewürze in ein Tee-Ei geben und dazulegen. Mit $^1/_4$ l Wasser aufgießen, ca. 10 Minuten durchkochen. Nehmen Sie nun die Gewürze aus dem Haschee. Die in Scheiben geschnittene Gurke, 3 EL Marinade aus der Gurken-Konserve, Zitronensaft und Sardellenpaste dazugeben. Noch einmal mit Salz und Pfeffer würzen. Mit dem in wenig Flüssigkeit angerührten Mehl binden und zu mehligen Salzkartoffeln servieren.
Sie können dieses ganz gewiß preiswerte Haschee immer wieder neu begehrenswert machen:
Die Soße mit Kapern verändern. Evtl. etwas saure Sahne unter die fertige Soße heben.
Mit einer Tasse einfachem Rotwein aufgießen.
3 Zwiebeln und viel gehackte Petersilie dazugeben, evtl. noch einige in Scheiben geschnittene Champignons aus der Dose unterrühren.

Gefüllter Saumagen

wird dort bereitet, wo die deutsche Küche sich von der besten Seite zeigt: in der Pfalz und in Baden. Noch urtümlich und bodenständig, doch seit Jahrhunderten vom nahe liegenden Elsaß, dem Paradies der Feinschmecker, inspiriert, weiß man dort in jedem Haushalt mit Bravour zu kochen. Nehmen Sie den Saumagen als Beispiel dafür. Zwar ist dieses Gericht nur in einem verhältnismäßig großen Quantum (für ca. 8 Personen) zuzubereiten – kein Wunder: der Schweinemagen hat nun einmal eine ganz bestimmte Größe. Doch wird er, wie Kenner wissen, mit jedem Servieren immer noch besser schmecken. Wagen Sie sich deshalb daran, servieren Sie ihn einmal zu Sauerkraut, dann zu Rotkohl. Oder kalt zu Kartoffelsalat oder dunklem Brot. Weißwein gehört immer dazu!

1 Schweinemagen, 3 Zwiebeln, 100 g durchwachsener Räucherspeck, 3 Kartoffeln, 700 g Schweinehackfleisch, 1 Brötchen, 2 Eier, 1 Tasse Semmelbrösel, 1 Apfel, Salz, Pfeffer, Muskat, 1 TL Oregano, 1 Bund Petersilie, etwas Beifuß, 1 Tasse Rotwein, 1 EL Stärkemehl.

Den Schweinemagen über Nacht in warmes Wasser legen. Die Zwiebeln hacken, mit dem gewürfelten Speck anschmoren. Die gekochten, in Würfelchen geschnittenen Kartoffeln, das Hackfleisch, das eingeweichte und wieder ausgedrückte Brötchen, Eier, Semmelbrösel, den geschälten und gewürfelten Apfel und alle Gewürze dazugeben, einige Minuten garen. Dann in den Schweinemagen füllen. Den Magen zunähen, in der Röhre bei 220° mit $^{1}/_{4}$ l Wasser ca. 120 Minuten braten. Die Soße mit Rotwein verlängern, mit Stärkemehl binden und pikant mit Salz und Pfeffer abschmecken. In Scheiben geschnitten zu Kartoffelsalat oder Brot reichen.

Königsberger Klopse

früher selbstverständlicher Bestandteil des Repertoires jeder guten Köchin, sind heute beinahe unmodern geworden. Weil diese Fleischklopse durch die pikante Kapernsoße besonders ergiebig sind, außerdem Männern meist sehr gut munden, sollten Sie sie wieder in Ihren Küchenzettel aufnehmen.

Je 200 g Rinder- und Schweinehackfleisch, 2 Eier, 1 Brötchen, 1 TL Sardellenpaste, Pfeffer, 1 EL Margarine, 1 EL Mehl, 1 Tasse Würfelbrühe, $^{1}/_{4}$ Salzhering oder 1 weiterer TL Sardellenpaste, $^{1}/_{2}$ Zitrone, 1 TL Kapern, Zucker, Weinessig, Suppenwürze, ca. 2 EL Mehl zum Wälzen der Klopse.

Das Hackfleisch mit den Eiern, dem eingeweichten und gut ausgedrückten Brötchen, Sardellenpaste und Pfeffer verrühren. Sollte die Masse zu weich sein, noch 1 EL Mehl dazugeben. Aus Fett und Mehl eine dunkle Schwitze bereiten, mit der Brühe aufgießen und durchkochen. Den gehackten Hering oder die Sardellenpaste dazurühren. Die gut abgewaschene Zitrone in Scheiben schneiden, mit den Kapern in die Soße geben. Mit Zucker, Essig und Suppenwürze pikant abschmecken. Aus der Hackfleischmasse kleine Klopse formen, in Mehl wenden. In der Soße 20 Minuten bei kleiner Hitze ziehen lassen. Dazu mehlig gekochte Kartoffeln.

Hackbraten

wird aus dem Teil der Klopse oder jeder beliebigen Frikadellen-Masse bereitet. Besonders saftig wird er, wenn Sie die Fleischmasse in ein bei konservativen Fleischereien immer noch erhältliches Schweine-Netz hüllen und knusprig braten.
Übrigens wird Hackbraten herrlich herzhaft, wenn Sie das eingeweichte und ausgedrückte Brötchen zusammen mit einer geriebenen Zwiebel und feingehackter Petersilie im Fett von ausgebratenen Speckwürfeln anschmoren.

Fleischragout, südamerikanisch

3 EL Öl, 250 g Zwiebeln, 1 Knoblauchzehe, frischgemahlener Pfeffer, 400 g gemischtes Hackfleisch. 1 EL Mehl, 1/2 l Würfelbrühe, 1 EL Kapern, 1 TL Sardellenpaste, etwas Oregano, 50 g geriebener Käse, 2 Pfefferschoten, Salz, 1 EL Weinbrand.

Das Öl erhitzen, die gehackten Zwiebeln und den kleingeschnittenen Knoblauch darin anschmoren. Mit nicht zu wenig Pfeffer bestäuben. Das Hackfleisch unter ständigem Zerpflücken mit der Gabel kurz mitbräunen. Mit Mehl bestäuben, mit der Brühe aufgießen, gut durchrühren. Mit Kapern, Sardellenpaste, Oregano, Käse und den kleingeschnittenen Pfefferschoten würzen, mit Salz und Weinbrand abschmecken.
Zu Salzkartoffeln reichen.

Innereien

Rinder- und Schweineherz kosten nicht viel. Da zudem noch keinerlei Abfall durch Fett oder Knochen zu erwarten ist, liegt der Preisvorteil auf der Hand.

Herz ist ein echter Leckerbissen: Mit seinem Aroma an das Luxusfleisch der Zunge erinnernd, wird es doch heute nur mehr wenig geschätzt. Daß das nicht sein muß, zeigen diese Rezepte:

Gefülltes Schweineherz

1 Herz, 100 g magerer Räucherschinken, $^1/_2$ Knoblauchzehe, 1 kl. Zwiebel, 1 EL Tomatenmark, 1 kl. Pfeffergurke, 100 g fetter Räucherspeck, 2 Tassen Würfelbrühe, Salz, 1 EL Tomatenmark, Paprika, 1 TL Mehl.

Das Herz teilen. Adern und Sehnen ausschneiden. Den Schinken mit dem gepreßten Knoblauch, der geriebenen Zwiebel, dem Tomatenmark und der gehackten Gurke vermengen, in die Öffnung geben. Das Herz wieder zusammenklappen und ringsum zunähen. Mit Speckscheiben umwickeln, zusammenbinden. Mit der Brühe in einen Bräter geben. Im bedeckten Topf bei mittlerer Hitze in ca. 60 Minuten weich schmoren. Dann den Deckel abnehmen, weitere 15 Minuten überbraten. Die Soße mit Salz und Tomatenmark abschmecken, mit Paprika schärfen. Mit dem in wenig Flüssigkeit angerührten Mehl binden.

Auch das macht sich sehr gut: 500 g geschälte Tomaten oder Karotten mitschmoren.
Als Beilage passen Semmelknödel besonders gut.

Gedämpftes Herz

Ca. 650 g Rinder- oder Schweineherz, 1 TL Margarine, 50 g durchwachsener Räucherspeck, 1 EL Mehl, 1 große Zwiebel, $^{1}/_{4}$ l Würfelbrühe, 1–2 EL Essig, $^{1}/_{2}$ Lorbeerblatt, 2 Gewürznelken, 4 Pfefferkörner, $^{1}/_{2}$ Zitrone, 1 Gewürzgurke, $^{1}/_{2}$ Tasse einfacher Weißwein, 1 TL Mehl.

Das Herz in breite Streifen schneiden, im erhitzten Fett zusammen mit dem gewürfelten Speck anbraten. Das Mehl und die geriebene Zwiebel unter Rühren mitschmoren. Mit der Brühe aufgießen. Nach Geschmack mit Essig säuern. Gewürze in ein Tee-Ei stecken, in die Flüssigkeit legen. Die naturreine oder sorgfältig heiß abgewaschene Zitrone in Scheiben schneiden, in die Soße geben. Das Herz bei kleiner Hitze auf der Kochplatte oder in der Röhre weich schmoren (Garzeit mindestens 75 Minuten). Dann die Gewürze und die Zitronenscheiben entfernen. Die gehackte Gurke und den Wein unter die Soße mischen. Mit Salz und Pfeffer nachwürzen, mit dem in wenig Flüssigkeit angerührten Mehl binden.
Mit mehlig gekochten Kartoffeln reichen.

Gespicktes Herz

Ca. 600 g Rinder- oder Schweineherz, 100 g fetter Räucherspeck, Salz, Pfeffer, 1 Knoblauchzehe, 3 Wacholderbeeren, 1 EL gehackte Petersilie, 2 Zwiebeln, 2 Möhren, 2 Tomaten, 1 Tasse Würfelbrühe, 1 Tasse einfacher Weißwein, 1 EL Mehl.

Das Herz mit den Speckstreifen spicken, salzen, pfeffern. Den Knoblauch pressen, mit den zerdrückten Wacholderbeeren und der Petersilie verrühren, auf das Fleisch streuen.
Das so zugerichtete Herz zusammen mit dem vorbereiteten, zerkleinerten Gemüse, Brühe und Wein im bedeckten Bräter in 75–100 Minuten je nach Alter und Art des Fleisches weich schmoren. Dann den Deckel abnehmen, 15 Minuten überbraten. Mit dem in wenig Flüssigkeit angerührten Mehl binden, mit Salz und Pfeffer nachwürzen. Dazu gibt es Kartoffelknödel.

Indisches Nieren-Ragout (Grundrezept)

500 g Schweinenieren, Essig, Salz, 2 EL Weinbrand, 2 Zwiebeln, 2 Knoblauchzehen, 2 Stangen Lauch, 2 EL Öl, 2 EL Sojasoße, 1 TL Ingwer, 1 Prise Curry, $^1/_2$ TL Zucker, 1 EL Zitronensaft, $^1/_4$ l Würfelbrühe, 1 TL Stärkemehl.

Die Nieren halbieren, von Fett und Harnsträngen befreien, würfeln. Mit lauwarmem Essigwasser begießen, 30 Minuten stehen lassen. Dann das Wasser abgießen. Die Nieren abspülen, noch einmal in Essigwasser legen, damit auch der Rest von unangenehmem Geschmack verschwindet. Mit Salz bestreuen, mit Weinbrand beträufeln. Mit den geschälten und gehackten Zwiebeln, dem feingehackten Knoblauch und dem in Ringe zerteilten Inneren vom Lauch im Öl anschmoren. Sojasoße und alle übrigen Zutaten dazugeben, 10 Minuten durchkochen. Die fertige Soße vorsichtig mit Salz abschmecken. Mit dem in wenig Flüssigkeit angerührten Stärkemehl binden. Zu Reis servieren.
Statt der Nieren läßt sich hierzu auch Rinder-, Schweine- oder Geflügel-Leber verwenden.

Nieren mit Tomaten, italienisch

500 g Zwiebeln, 500 g Tomaten, 2 EL Öl, 400 g Schweinenieren, 1 EL getrocknete Steinpilze, etwas zerriebener Salbei, Salz, Pfeffer, $^{1}/_{4}$ l Würfelbrühe.

Die Zwiebeln und die Tomaten enthäuten, in Scheiben schneiden. Im Öl anschmoren. Dann die nach dem vorigen Rezept vorbereiteten, in Scheiben geschnittenen Nieren extra anbraten, dazugeben. Mit den Pilzen, den Gewürzen und der Würfelbrühe in ca. 10 Minuten garen. Reichen Sie dazu Nudeln oder Weißbrot.

Nieren in Wein, französisch

500 g Schweinenieren, 1 EL Schweinefett, 1 EL durchwachsener Räucherspeck, 1 Zwiebel, 1 TL Tomatenmark, 1 Knoblauchzehe, Salz, Pfeffer, 1 EL gehackte Petersilie, 1 Tasse einfacher Rotwein, 1 Tasse Würfelbrühe, 1 EL Mehl.

Die Nieren nach dem Grundrezept (Seite 27) vorbereiten, in dicke Scheiben schneiden. Fett und Speck zusammen erhitzen, darin die Nierenscheiben und die gehackte Zwiebel anbraten. Tomatenmark und die gepreßte Knoblauchzehe dazugeben, salzen, pfeffern. Mit der Petersilie und dem Rotwein 10 Minuten durchschmoren. Mit dem in der Brühe angerührten Mehl binden, nachwürzen.
Mit Reis oder Weißbrot servieren.

Lunge, pikant

600 g Kalbs-, Rinder- oder Schweinelunge, Salz, 1 Stück Zitronenschale, 1 Bund Suppengemüse, 4 Pfefferkörner, $^1/_2$ Lorbeerblatt, Essig nach Geschmack, 1 EL Margarine, 1 EL Mehl, 1 Zwiebel, Pfeffer, Zucker, Sardellenpaste, 1 EL Kapern, 4 Gewürzkörner.

Die Lunge in leicht gesalzenem Wasser mit allen Gewürzen und dem vorbereiteten, zerkleinerten Suppengemüse auf die Kochstelle setzen. Den Sud leicht säuern. Die

Lunge in ca. 60 Minuten weich kochen, abtropfen lassen und in Streifen schneiden. Aus Fett und Mehl eine Schwitze bereiten, die geriebene Zwiebel dazurühren. Mit 1/2 l der durchgesiebten Brühe aufgießen, durchkochen lassen. Mit Salz, Pfeffer, Zucker und Sardellenpaste abschmecken. Die Kapern und die Lunge unterheben. Die klassische Beilage dazu sind Semmelknödel.

Prager Lungenauflauf

600 g Kalbs-, Rinder- oder Schweinelunge, Salz, 1 Bund Suppengemüse, 1 Lorbeerblatt, 2 EL Essig, 2 Brötchen, 2 EL Butter, 2 EL Rosinen, Schale von 1/2 Zitrone, 3 Eier, 1 TL Margarine zum Fetten der Form.

Die Lunge in leichtem Salzwasser zusammen mit dem zerkleinerten Suppengemüse und dem Lorbeerblatt in ca. 60 Minuten garen. Essig dazugeben, die Lunge im Sud erkalten lassen, dann sehr klein hacken. Die Brötchen einweichen und wieder gut ausdrücken. Mit der Butter verrühren. Die Rosinen, geriebene Zitronenschale, Eigelb und steifgeschlagenen Eischnee dazugeben, zuletzt die Lunge unterheben. In einer gefetteten feuerfesten Form in der Röhre bei 220° 45 Minuten backen, sofort servieren. Geben Sie dazu frischen Salat.

Kutteln (Kaldaunen)

gehören in Frankreich heute wie in sparsameren Zeiten zu den begehrten Gerichten. Sie kaufen sie am besten fertig gekocht beim Metzger.

1 TL Schweinefett, 125 g magerer roher Schinken, 1 Knoblauchzehe, 1 Zwiebel, etwas abgeriebene Zitronenschale, 1 Bund Petersilie, Salz, Pfeffer, 1 TL Mehl, 5 Pfefferkörner, je 1 kleine Prise Rosmarin, Salbei und Thymian, 1 Likörglas Weinbrand, $^{1}/_{2}$ l Würfelbrühe, 500 g gekochte Kutteln.

Das Fett erhitzen, darin den in Streifen geschnittenen Schinken, den kleingeschnittenen Knoblauch, die gehackte Zwiebel, Zitronenschale und die gehackte Petersilie anschmoren. Salzen, pfeffern. Mit Mehl bestäuben, übrige Gewürze in ein Tee-Ei geben, dazulegen. Mit Weinbrand und Würfelbrühe aufgießen, 10 Minuten durchschmoren. Dann die in Streifen geschnittenen Kutteln unterheben, noch 10 Minuten bei sehr geringer Hitze durchziehen lassen.
Dazu gibt es mehlige Salzkartoffeln.

Wählen Sie zu den nachfolgenden Gerichten Hühner-Leber: sie schmeckt auch tiefgekühlt noch zart und delikat. So sind

Geflügel-Leberknödel

eine besonders aparte Beilage zu allen feinen Gemüsen. Bereiten Sie sie doch einmal nach dem Originalrezept des Freiherrn von Rumohr:
Bayerische Knetel aus trockenen Semmelwürfeln, etwa die Hälfte davon in Butter (Margarine!) angebrätelt, mit Eiern, Mehl und Milch, oder besser mit Fleischbrühe angerührt. Von allen diesen Teilen macht man einen etwas festen Teig, formt Kugeln daraus und dreht dieselben einige Male in trockenem Mehle um, ehe man sie in siedendes Wasser oder besser in die Fleischbrühe einsetzt. Dieselben Klöße mit einem Zusatz von etwas zerschnittenem Speck oder wohl auch von geriebener Leber sind vorzüglich in Bayern unter dem Namen von Speck- und Leberkneteln ein derbes und beliebtes Volksgericht.
Wie gesagt: nehmen Sie dazu einmal Geflügelleber, lassen Sie sich vom Ergebnis überraschen!

Leberragout mit Apfelsinen

500 g Geflügelleber, 1 EL Margarine, 1 große Zwiebel, 1 EL Mehl, Salz, Paprika, 1 TL Kresse, 1 EL Kapern, 1/4 l Würfel-Hühnerbrühe, 1 große Apfelsine.

Die Leber in Streifen schneiden. Im erhitzten Fett anschmoren. Die Zwiebel dazureiben. Mit dem Mehl bestäuben, gut durchrühren. Mit den Gewürzen, der gehackten Kresse und den Kapern sowie der Brühe 10 Minuten bei kleiner Hitze durchkochen. Dann die zerpflückten Spalten von 1/2 Apfelsine und den Saft der restlichen Apfelsine unterrühren, nachwürzen. Zu Reis reichen.

Geflügelleber-Kroketten

300 g Geflügelleber, 2 Eier, 2 Brötchen, Salz, Pfeffer, 1 Prise Salbei, 2 EL gehackte Petersilie, 1 Zwiebel, Semmelbrösel zum Panieren, Fett zum Backen.

Die Leber im Mixer oder Fleischwolf zerkleinern. Mit den Eiern, den eingeweichten und gut ausgedrückten Brötchen, Salz, Pfeffer, dem fein zerbröselten Salbeiblatt, Petersilie und geriebener Zwiebel verrühren. Kroketten formen, in Semmelbröseln wenden. Im erhitzten Fett in der Pfanne von allen Seiten goldbraun backen.
Mildes Sauerkraut, Gemüse, Salate und Kartoffelbrei passen dazu ebenso gut wie Kartoffelsalat.

Hühnerleber in Knoblauchsoße

500 g Hühnerleber, 2 EL Margarine, 1 EL Mehl, 1 Tasse Hühnerwürfelbrühe, 1 Tasse kräftiger Rotwein (am besten Südwein), frischgemahlener Pfeffer, 2 Knoblauchzehen, 2 EL gehackte Petersilie, Salz.

Die Leber in Streifen schneiden. Wenige Minuten im erhitzten Fett durchschmoren. Das Mehl dazustäuben, gut durchrühren. Mit Brühe und Wein aufgießen, kurz aufkochen lassen. Mit Pfeffer, gepreßtem Knoblauch und Petersilie würzen, vorsichtig mit Salz abschmecken.
Geben Sie dazu Reis oder Kartoffelbrei.

Gefrierhammel und -Lamm sind noch immer günstig zu haben. Wichtig ist, bei ihrer Verarbeitung in der Küche, darauf zu achten, daß dem Fleisch keinerlei Fett mehr anhaftet. Entfernen Sie es deshalb sorgsam vor dem Garen. Und servieren Sie Hammel- und Lammfleisch nach einem der Rezepte der Länder, mit deren volkstümlicher Küche es untrennbar verbunden ist – es lohnt sich!

Hammel-Kebab, türkisch

500 g mageres Hammel- oder Lammfleisch, 500 g Zwiebeln, 2 Kartoffeln, Paprika, $^{1}/_{4}$ TL zerbröselter Pfefferminztee, Salz, Pfeffer, 1–2 Knoblauchzehen, 1 Tasse Würfelbrühe, 1 Tasse Apfelwein, 2 EL Tomatenmark, 1 EL gehackte Petersilie, 1 TL Margarine.

Das Fleisch in sehr kleine Scheibchen schneiden. Mit den grobgehackten Zwiebeln, den geschälten, gewürfelten Kartoffeln, den Gewürzen und dem gepreßten Knoblauch

vermischen. Mit Brühe, Wein und 1/4 l Wasser bei nicht zu starker Hitze ca. 60 Minuten im bedeckten Topf garen. Dann Tomatenmark, Petersilie und Fett unterrühren. Der alkoholische Duft macht dieses an sich einfache Gericht zu einem wahren Festessen.
Geben Sie dazu kräftiges Schwarzbrot.

Kaukasischer Schaschlik

500 g mageres Hammelfleisch, Maggi würzflüssiger Paprika, 150 g durchwachsener, geräucherter Speck, 4 Zwiebeln, je 1 grüne und rote Paprikaschote, 2 EL Öl.

Hammelfleisch mit würzflüssigem Paprika einreiben, das Fleisch und den Speck in Würfel schneiden. Zwiebeln in Viertel, die Paprikaschoten in Stücke schneiden und alles abwechselnd auf lange Spieße stecken. Öl und würzflüssigen Paprika mischen, die Spieße damit bestreichen und grillen oder in der Pfanne braten.
Reis und Feldsalat dazu reichen.

Hammelfrikassee, griechisch

500 g mageres Hammel- oder Lammfleisch, 2 Zwiebeln, 2 Äpfel, 1 TL Margarine, 1 Knoblauchzehe, 2 Tassen Würfelbrühe, 1 TL Mehl, 1 Zitrone, Salz, 1/2 TL Zitronenmelisse (nicht unbedingt erforderlich).

Das Fleisch sehr klein schneiden. Mit den grobgehackten Zwiebeln und den geschälten, geviertelten Äpfeln im Fett durchschmoren. Mit der Brühe aufgießen. Das Fleisch in ca. 60 Minuten garen. Die Soße mit dem im Zitronensaft angerührten Mehl binden. Mit abgeriebener Zitronenschale, Salz und Melisse abschmecken.
Mit Petersilien-Reis reichen.

Hammel-Tomatentopf, sizilianisch

500 g mageres Hammel- oder Lammfleisch, Salz, Paprika, 1 TL Margarine, 500 g Tomaten, 1/2 Tasse Marsala oder anderer Süßwein, 1 kl. Prise Zimt, 1 TL Mehl.

Das Fleisch in kleine Gulaschstücke schneiden. Mit Salz und Paprika bestreuen. Im erhitzten Fett anbräunen. In einen Brattopf legen. Die Tomaten kreuzweise einschneiden, mit kochendem Wasser überbrühen, dann mit kaltem Wasser abbrausen. Enthäuten und dazugeben. Wein mit Zimt verrühren, darübergießen. In der Röhre 60 Minuten schmoren lassen. Die Soße mit wenig Salz und Paprika abschmecken, mit dem in Wasser angerührten Mehl binden.
Die richtigen Beilagen sind Nudeln oder Reis.

Hammeltopf mit Nieren, englisch

350 g mageres Hammel- oder Lammfleisch, 200 g Nieren, 1 TL Margarine, Salz, frischgemahlener Pfeffer, 10 Kartoffeln, 2 große Zwiebeln, 1 Prise Zucker, 1/4 l Würfelbrühe, 1/2 TL Pfefferminztee, 2 EL Essig, 1 kl. Prise Rosmarin.

Das Fleisch würfeln. Mit den vorbereiteten, in Scheiben geschnittenen Nieren in eine gefettete Bratform legen. Salzen, pfeffern. Die Kartoffeln und Zwiebeln schälen, grob reiben, vermischen und darauflegen. Zucker, Brühe, Pfefferminz, Essig und Rosmarin verrühren, darübergießen. Den Eintopf im bedeckten Brattopf in der vorgeheizten Röhre 60 Minuten schmoren.

Ochsenschwanz

100 g magerer Räucherspeck, 700 g Ochsenschwanz, 1 EL Öl, Salz, Pfeffer, 1 Zwiebel, 1 Gewürznelke, 1/4 Lorbeerblatt, etwas Rosmarin, 1 EL Tomatenmark, 2 Möhren, 1 Knoblauchzehe, 1/4 l Würfelbrühe, 1 Tasse Rotwein, 1 TL Mehl.

Den Speck würfeln, ausbraten. Den in Stücke gehackten Ochsenschwanz (der Fleischer besorgt das!) in dem heißen Speckfett zusammen mit dem Öl von allen Seiten anbräunen. Salzen, pfeffern. Die grobgehackte Zwiebel da-

zugeben. Gewürze in ein Tee-Ei stecken, dazulegen. Tomatenmark, die vorbereiteten und zerkleinerten Möhren und den gepreßten Knoblauch sowie die Brühe dazugeben. Das Fleisch in ca. 90 Minuten weich schmoren. Die Soße mit Salz und Pfeffer abschmecken, mit dem im Wein angerührten Mehl binden.
Dazu Salzkartoffeln und junge Erbsen geben.

Schweinerippchen, geschmort (Grundrezept)

1250 g Schweinerippchen, Salz, 1 säuerlicher Apfel, 1 EL Semmelbrösel, 1/2 Tasse eingeweichtes Dörrobst, 1 Spur Zimt, etwas abgeriebene Zitronenschale, Suppenwürze, frischgemahlener Pfeffer, 1 EL Mehl.

Knicken Sie die gesalzenen Rippchen vorsichtig in der Hälfte ab, dann können später die Knochen leicht aus dem gegarten Fleisch herausgezogen werden. Umständliches Knabbern und Nagen bei Tisch wird damit überflüssig.
Die Rippchen mit dem geschälten, gewürfelten Apfel, den Semmelbröseln, dem gehackten Backobst, Zimt, Zitronenschale und Suppenwürze in eine Bratform geben. Mit 1/2 l Wasser begießen. Im bedeckten Topf in der vorgeheizten Röhre bei 220° in ca. 90 Minuten gar schmoren. Dann die Rippchen aus der Soße nehmen, die Knochen

herauslösen. Das Fleisch 10 Minuten übergrillen oder in der Röhre überbraten. Die Soße evtl. mit Würfelbrühe verlängern. Mit Salz und viel Pfeffer (als reizvoller Kontrast zu den süßen Zutaten!) abschmecken. Mit dem in wenig Wasser angerührten Mehl binden.
Dazu gibt es mehlige Salzkartoffeln oder gekochte Kartoffelklöße.

Schweinerippchen, russisch

1250 g Schweinerippchen, Salz, Pfeffer, 300 g Sauerkraut, 1 Prise Zucker, 1 Tasse Weißwein, 1 Tasse Würfelbrühe, $^{1}/_{2}$ Becher Joghurt, 1 Tasse streifig geschnittene rote Bete, 1 TL Mehl, etwas gemahlener Kümmel.

Die Rippchen nach dem vorigen Rezept vorbereiten, kräftig würzen. Auf einem Bett von Sauerkraut in den Brattopf geben. Zucker, Wein und Brühe verrühren, dazugießen. Die Rippchen nach dem Grundrezept garschmoren und übergrillen. Die fertige Soße mit Joghurt und roten Beten reizvoll verändern. Mit Kümmel abschmecken.
Mit Pellkartoffeln reichen.

Sonntags-Rippchen

1250 g Schweinerippchen, Salz, Pfeffer, etwas Thymian, 1 kl. Dose Champignons, 3 Zwiebeln, 1/2 Bratensoßenwürfel, 1 TL Mehl.

Rippchen nach Grundrezept (S. 38) vorbereiten, würzen. Mit Thymian bestreuen. Mit dem Pilzwasser und 1 Tasse Wasser, den grobgehackten Zwiebeln und dem aufgelösten Bratensoßenwürfel schmoren. Übergrillen. Die in Scheiben geschnittenen Champignons und das angerührte Mehl unter die fertige Soße heben. Dazu Kartoffelkroketten.

Gebackene Schweinefüße

3–4 Schweinefüße, je nach Größe, Salz, 3 Gewürzkörner, 1/2 Lorbeerblatt, 1 Ei, Semmelbrösel zum Panieren, Fett zum Backen.

Die Schweinefüße in leicht gesalzenem Wasser mit den Gewürznelken und dem Lorbeerblatt in ca. 90 Minuten weich kochen. Dann das Fleisch von den Knochen lösen, in flache Stücke zerteilen. In verquirltem Ei und Semmelbröseln panieren und im erhitzten Fett goldbraun backen.
Dazu Kartoffelsalat reichen.

Gebratene Schweinefüße

3–4 Schweinefüße, Salz, 3 Pfefferkörner, 1 EL Margarine, frischgemahlener Pfeffer, je 1 EL Petersilie und Schnittlauch, je 1 EL Semmelbrösel und Parmesankäse.

Die Schweinefüße in leichtem Salzwasser mit den Pfefferkörnern in ca. 90 Minuten weich kochen, entbeinen. Die möglichst großen Fleischstücke mit erwärmtem Fett bestreichen, gut pfeffern. In eine feuerfeste Form oder in den Bräter legen. Mit Petersilie und Schnittlauch, Semmelbröseln und Käse bestreuen und in der vorgeheizten Röhre bei 220° goldbraun braten.

Gefüllte Schweinefüße

2 große Schweinefüße, Salz, 1 Bund Suppengemüse, 1/2 Lorbeerblatt, 1 Knoblauchzehe. Dazu eine der Farcen (im Pasteten-Kapitel S. 131 ff. zu finden), 1 Tasse Semmelbrösel.

Die Schweinefüße in Salzwasser mit Suppengemüse, Lorbeerblatt und Knoblauch in ca. 90 Minuten weich kochen. Vorsichtig die Knochen auslösen – dabei sollte das Fleisch im Ganzen bleiben. Füllen Sie nun die entstandene Tasche mit Farce. In Semmelbröseln wenden und in der vorgeheizten Röhre knusprig braten.
Geben Sie als Beilage Kartoffelpüree.

Gebackener Kalbskopf (falsche Schnitzel)

1250 g Kalbskopf. Zum Sieden: Salz, 1 Zwiebel, 2 Gewürznelken, 2 Pfefferkörner, 1 Lorbeerblatt, 1 Bund Suppengemüse. Außerdem 1 Ei, Semmelmehl zum Panieren, Fett zum Backen, evtl. geriebener Käse.

Den Kalbskopf in leichtem Salzwasser mit Zwiebelringen, den Gewürzen und dem vorbereiteten und zerkleinerten Suppengemüse in ca. 100 Minuten weich kochen. Aus dem Sud nehmen, leicht abkühlen lassen. Das Fleisch in möglichst großen Stücken von den Knochen lösen, flach klopfen. In verquirltem Ei und Semmelmehl wenden, im erhitzten Fett von beiden Seiten goldbraun backen. Evtl. mit geriebenem Käse bestreuen und einige Minuten in der Röhre überkrusten.
Mit Zitronenscheiben, und, falls die Fleischmenge etwas knapp ist, mit Vierteln von hartgekochten Eiern garnieren.
Dazu Kartoffelsalat.

Kalbskopfragout

Ca. 1250 g Kalbskopf, Salz, 1 Zwiebel, 2 Gewürznelken, 2 Pfefferkörner, 1 Lorbeerblatt, 1 Bund Suppengemüse, 1 EL Margarine, 1 EL Mehl, Suppenwürze, 1/2 Zitrone, Pfeffer, 1 Tasse Rotwein, 1 Prise Muskatnuß, 3 EL Dosenmilch.

Den Kalbskopf in leichtem Salzwasser mit Zwiebelringen, den Gewürzen und dem vorbereiteten und zerkleinerten Suppengemüse in ca. 100 Minuten weich kochen. Das Kalbskopfstück aus der Brühe nehmen. Das Fleisch von den Knochen lösen und in Streifen schneiden. Aus Fett und Mehl eine dunkle Schwitze bereiten. Mit $^3/_4$ l des Suds aufgießen. Die Soße mit Würfelbrühe, Zitronenscheiben, Pfeffer, Salz, Rotwein und Muskat abschmecken. Zuletzt die Milch unterrühren. Die Kalbskopfstreifen in dieser würzigen Soße servieren.
Mit Salzkartoffeln, Reis oder Nudeln reichen.

Kalbskopf englisch

1250 g Kalbskopf, Salz, 1 Bund Suppengemüse, 1 TL Margarine, 1 Ei, Semmelbrösel, Pfeffer, 1 Bund Petersilie, 1 Prise Salbei, 2 EL Margarine, Suppenwürze, 1 EL Senf, $^1/_2$ Zitrone, 50 g geriebener Käse.

Den Kalbskopf in Salzwasser mit dem Suppengemüse in ca. 100 Minuten weich kochen. Dann das Fleisch von den Knochen lösen, in Scheiben schneiden und in eine gefettete, feuerfeste Form legen. Das Ei mit den Semmelbröseln, Salz, Pfeffer, der feingehackten Petersilie und dem zerbröselten Salbei vermischen, mit der leicht erwärmten Margarine verrühren, kalt stellen. Indessen $^1/_4$ l des

durchgesiebten Suds mit Suppenwürze verrühren, mit Senf und Zitronensaft würzen, über das Fleisch gießen. Die Semmelbröselmasse in Flocken obenauf setzen. Den Käse darüberstreuen. In der heißen Röhre 10 Minuten überbacken.
Mit Kartoffelbrei oder zu Toast reichen.

Kalbskopfsülze

1250 g Kalbskopf, Salz, 2 EL Essig, 1 Bund Suppengemüse, je 3 Pfeffer- und Gewürzkörner, $^1/_2$ Lorbeerblatt, $^1/_8$ l Weißwein, Saft von $^1/_2$ Zitrone, Pfeffer, 1 Gewürzgurke, 2 hartgekochte Eier, 1 kl. Dose Erbsen.

Den Kalbskopf im Salzwasser mit Essig und Suppengemüse sowie den Gewürzen in ca. 100 Minuten weich kochen. Das Fleisch aus dem Sud nehmen, von den Knochen lösen und in feine Streifen schneiden. $^1/_4$ l – $^3/_8$ l des durchgesiebten Suds mit Weißwein, Zitronensaft und Pfeffer verrühren. Diese Flüssigkeit 2 cm hoch in eine Glasschüssel gießen. Im Kühlschrank leicht erstarren lassen. Darauf Kalbskopf-Streifen, Gurkenscheiben, Eierachtel und Erbsen geben. Mit der restlichen Sülzflüssigkeit begießen. Erstarrt zu Toastbrot oder Bratkartoffeln reichen.

Kalbsfüße en Tortue

2 Kalbsfüße, Salz, 1 EL Öl, 1 Bund Suppengemüse, $^{3}/_{4}$ l Würfelbrühe, 1 EL Margarine, 1 EL Mehl, $^{1}/_{2}$ Lorbeerblatt, je 1 winzige Prise Salbei, Rosmarin, Thymian und Basilikum (oder 1 Prise französische Gewürzmischung, die Sie spätestens jetzt in Ihren Vorrat aufnehmen sollten!), 3 Pfefferkörner, 1 EL Tomatenmark, $^{1}/_{2}$ Tasse Rotwein.

Die Kalbsfüße mit Salz einreiben, im erhitzten Fett anbräunen. Mit dem zerkleinerten Suppengemüse in der Würfelbrühe in ca. 90 Minuten gar kochen. Dann das Fleisch von den Knochen lösen, in Streifen schneiden. Aus Fett und Mehl eine helle Schwitze bereiten. Mit $^{1}/_{2}$ l der Kochflüssigkeit aufgießen, gut durchrühren. Die Kräuter in ein Tee-Ei stecken, in die Flüssigkeit legen. 20 Minuten durchkochen. Dann die Soße mit Tomatenmark und Rotwein abschmecken, evtl. nachsalzen. Mit dem Fleisch servieren.
Dazu gibt es Teigwaren und Gewürzgürkchen.

Pikante Soßen helfen sparen

Erwerben macht es nicht allein,
Mußt's Sparen auch versteh'n;
Und klüglich alles teilen ein,
Wenn alles gut soll geh'n.

»Die Saucen sind bei der Tafel nicht als Nebensache zu betrachten, sie verdienen vielmehr eine besondere Beachtung. Ein gutes Gericht wird durch eine schlechte Sauce heruntergesetzt, ein geringes aber durch eine gute Sauce gehoben«, stellte Henriette Davidis, die vielgerühmte und beliebte Kochbuchautorin aus der Zeit unserer Urgroßmütter fest.

Daß ein »geringes« Gericht durch eine gute Soße gewinnt – wer denkt heute schon daran, wer macht sich die Mühe, auf sie besondere Aufmerksamkeit zu verwenden, wenn es in der Küche schnell gehen soll?

Dabei braucht es ebensowenig Zeit wie Geld, um mit phantasievollen Soßen Effekt zu machen, wie Sie nun sehen werden.

Übrigens werden nicht nur einfache Zutaten durch eine gutgewürzte Soße verbessert und veredelt. Fleisch und anderes Hochwertige ist in viel kleineren Mengen nötig, wenn es in einer pikanten Soße gereicht wird. Alle nun folgenden Soßen passen zu gekochten oder gebratenen, in

Abbildungen: 1. Linsensuppe mit Wursteinlage (s. S. 108)
2. Nieren mit Tomaten, italienisch (s. S. 28)

Scheiben oder Streifen geschnittenen Fleischresten, zu übriggebliebenem, zerpflücktem Kochfisch oder verlorenen Eiern. Oder sie werden mit Nudeln, Reis oder Kartoffelbrei und Salat gereicht.

Abbildungen: 3. Hühnerleber in Knoblauchsoße mit Reisrand (s. S. 33) und im Vordergrund:
Gefülltes Schweineherz mit Karotten (s. S. 25)
4. Pariser Kartoffelauflauf (s. S. 72)

Lauter gute Soßen-Tips

Zitronensaft sollte in die Soßen stets mit dem Schneebesen eingerührt werden, damit die Flüssigkeit nicht gerinnt. Besonders, wenn Milch mit verwendet wurde, ist das wichtig.

Soßen mit Mehlschwitzen werden oft wieder dünn, wenn sie zu lange gekocht oder wieder aufgewärmt werden. Es genügt dann, etwas in wenig Flüssigkeit angerührtes Mehl dazuzugeben und die Soße noch einmal aufzukochen.

Haben Sie zuviel Salz an Ihre Soße getan? Dann geben Sie einige rohe Kartoffelscheiben oder getoastete Brotschnitten hinein. Zehn Minuten durchziehen lassen, Kartoffeln oder Brot herausnehmen – und Ihre Soße ist gerettet.

Ist die Soße zu dunkel geworden? Dann machen einige Löffel Dosenmilch hier den Schaden wieder gut. Köstliches Bratenaroma gibt allen Soßen ein Löffel in der Pfanne angebräunter Zucker.

Bratensoße bekommt einen wunderschönen Glanz, wenn der Soße eine Prise Zucker beigegeben wurde. Sollen Zwiebeln als Grundstock für eine helle Soße verwendet werden, so sollten Sie sie in Mehl wälzen, ehe sie ins heiße Fett gegeben werden, damit sie hell und zart bleiben.

Wenn Sie das Mehl zum Binden der Soße nicht in Flüssigkeit anrühren wollen, so kann es durch einen Trichter beigegeben werden, ohne daß Klümpchen entstehen.

Aurorasoße

1 TL Margarine, 1 TL Mehl, $^1/_4$ l Milch, $^1/_2$ Päckchen kochfert. weiße Soße, Salz, Pfeffer, Muskat, 1 TL Tomatenmark, 1 EL Tomatenketchup.

Aus Fett und Mehl eine helle Schwitze bereiten, mit der Milch aufgießen. Die kochfertige weiße Soße mit $^1/_8$ l Wasser anrühren, dazugeben. Mit Salz, Pfeffer und Muskat abschmecken. Tomatenmark und Ketchup unterrühren.
Paßt besonders gut zu Eiern und Fisch.

Albuferasoße

1 TL Margarine, 1 TL Mehl, $^1/_4$ l Hühner-Würfelbrühe, $^1/_2$ Päckchen kochfertige weiße Soße, knapp $^1/_4$ l Milch, 1 EL Zitronensaft, $^1/_2$ Bratensoßenwürfel.

Aus Fett und Mehl eine helle Schwitze bereiten. Mit der Würfelbrühe aufgießen und durchrühren. Die kochfertige weiße Soße mit der Milch anrühren, dazugeben. Den Zitronensaft und den in wenig Wasser aufgelösten Bratensoßenwürfel unterheben.
Zu Resten von Hühnerfleisch, Kalbfleisch oder Kartoffelbrei reichen.

Colbertsoße

1 TL Margarine, 1 EL Mehl, 1 Bratensoßenwürfel, 2 große Zwiebeln, 2 Pfefferkörner, $^{1}/_{2}$ Tasse einfacher Rotwein, 1 EL gehackte Petersilie, 1 EL Zitronensaft, 1 TL Worcestersoße.

Aus Fett und Mehl eine dunkle Schwitze bereiten. Den Bratensoßenwürfel in $^{3}/_{8}$ l Wasser auflösen, dazugießen. Die Zwiebel grob reiben. Mit den Pfefferkörnern in die Soße geben, 15 Minuten durchkochen. Dann Rotwein, Petersilie, Zitronensaft und Worcestersoße unterrühren.
Zu gerösteten Klößen, Frikadellen oder Reis.

Currysoße

1 Zwiebel, 1 Apfel, 1 EL Margarine, 1 TL Mehl, 1 TL Curry, wenig Ingwer und Zucker, 1 EL Zitronensaft, $^{1}/_{4}$ l Würfelbrühe, 1 Tasse Milch, $^{1}/_{4}$ Knoblauchzehe, Salz.

Zwiebel und Apfel schälen, würfeln. Im erhitzten Fett anschmoren. Mit dem Mehl und den Gewürzen bestäuben, gut durchrühren. Zitronensaft, Brühe und Milch dazugießen. Mit dem Knoblauch schärfen, vorsichtig mit Salz abschmecken.
Zu Fisch, Reis, Eiern oder Resten von Geflügel oder Kalbfleisch.

Italienische Soße

1 Zwiebel, 1 TL Margarine, 50 g durchwachsener Räucherspeck, 1 EL Mehl, 1 EL Tomatenmark, $^1/_2$ Päckchen kochfertige Jägersoße, 1 EL Zitronensaft, 1 EL gehackte Petersilie.

Die geriebene Zwiebel mit dem Fett und dem Speck durchschmoren. Mehl und Tomatenmark dazurühren. Die Jägersoße in $^3/_8$ l Wasser auflösen, dazugeben. Zitronensaft und Petersilie unterheben. Zu Nudeln reichen.

Käsesoße

1 TL Margarine, 1 TL Mehl, 100 g Schmelzkäse oder 50 g geriebener Parmesankäse, $^1/_8$ l Würfelbrühe, $^1/_2$ Beutel kochfertige weiße Soße, Salz, 1 Pfefferschötchen, $^1/_2$ Knoblauchzehe.

Das Fett erhitzen. Das Mehl und den Käse unter ständigem Rühren dazugeben. Mit der Brühe aufgießen, durchkochen lassen. Die kochfertige weiße Soße in $^1/_4$ l Wasser anrühren, dazugeben. Die Soße mit Salz, dem gehackten Pfefferschötchen und dem gepreßten Knoblauch schärfen.

Mit hartgekochten Eihälften, zu Reis oder Nudeln servieren.

Kapernsoße

1 TL Mehl, 1 TL Margarine, $^{1}/_{8}$ l Würfelbrühe, $^{1}/_{2}$ Päckchen kochfertige weiße Soße, 1 EL Zitronensaft, 1 Röhrchen Kapern, 1 EL gehackter Schnittlauch.

Aus Mehl und Fett eine helle Schwitze bereiten, gut durchrühren. Mit der Brühe aufgießen. Die kochfertige Soße mit $^{1}/_{4}$ l Wasser auflösen, dazugeben, 5 Minuten durchkochen. Dann die Soße mit Zitronensaft, den gehackten Kapern und dem Schnittlauch pikant fertigmachen.

Paßt gut zu allen Fleischresten und zu Fisch.

Mornaysoße

1 TL Mehl, 1 TL Margarine, $^{1}/_{4}$ l Milch, Salz, Pfeffer, Muskat, $^{1}/_{2}$ Päckchen kochfertige weiße Soße, 50 g geriebener Käse.

Aus Mehl und Fett eine helle Schwitze bereiten, mit der Milch aufgießen und durchrühren. Kräftig mit Salz, Pfeffer und Muskat würzen. Die kochfertige Soße in $^{1}/_{8}$ l Wasser auflösen, dazurühren, aufkochen lassen. Den geriebenen Käse unterrühren. Mit geriebener Muskatnuß bepudern.

Zu Kartoffelbrei oder feinen Röstkartoffeln geben.

Orangensoße

1 TL Margarine oder Schweinefett, 1 EL Mehl, 1 Päckchen kochfertige Bratensoße, etwas Zucker, 1 Orange, 1 Likörglas Weinbrand.

Das Fett erhitzen, das Mehl darin dunkel anschwitzen. Mit der mit $^3/_8$ l Wasser angerührten Bratensoße aufgießen, durchkochen. Mit Zucker, Orangensaft, 1 TL abgeriebener Orangenschale und Weinbrand apart abschmecken. Evtl. noch zerpflückte Mandarinenspalten aus der Dose oder weichgedünstete Apfelwürfel unterheben. Dazu Reis, Kartoffelbrei, Kartoffelkroketten oder Fleischreste reichen.

Paprikasoße

1 große Zwiebel, 1 EL Margarine, 1 EL Mehl, 1 EL Paprikamark, 1 EL Tomatenketchup, 1 marinierte Paprikaschote, Salz, Paprika, 1 kl. Prise Zucker, 1 Dose Milch, $^1/_4$ l frische Milch.

Die Zwiebel reiben, im erhitzten Fett anschmoren. Das Mehl dazugeben, durchrühren. Paprikamark, Ketchup, die in Streifen geschnittene Paprikaschote, $^1/_2$ Tasse der Paprikamarinade dazugeben, salzen, pfeffern. Zucker, Dosen- und frische Milch dazurühren, abschmecken.
Paßt gut zu allen Nudelgerichten und Frikadellen.

Pfeffergurkensoße

1 TL Margarine, 1 EL Mehl, 1/8 l Würfel-Bratensoße, 1/4 l Würfelbrühe, 1/2 Tasse Silberzwiebeln, 1 Tasse Würfel von Pfeffergurken, Salz, Zitronensaft, Pfeffer.

Aus Fett und Mehl eine helle Schwitze bereiten. Mit Bratensoße und Würfelbrühe aufgießen, unter Rühren durchkochen. Dann die geviertelten Silberzwiebeln und die Pfeffergurkenstücke unterheben. Die Soße pikant mit Salz, Zitronensaft und Pfeffer schärfen.
Zu Bratkartoffeln reichen.

Robertsoße

2 Zwiebeln, 1 EL Öl, 1/4 l kochfertige Bratensoße, 1 TL Senf, 1/2 Tasse Weißwein, Zucker.

Die Zwiebeln grob hacken, im erhitzten Öl anschmoren. Die angerührte kochfertige Soße dazugießen, 10 Minuten durchkochen lassen. Mit Senf, Wein und Zucker abschmecken.
Probieren Sie einmal diese Variationen aus:
Pfefferkörner mitschmoren.
Mit Sardellenpaste und Zitronensaft abschmecken.
Viel geriebene Zitronenschale unterheben.
Beilage zu Wild, Bratwürsten, Fisch.

Rotweinsoße

1 TL Mehl, 1 EL Margarine, 1 Beutel kochfertige Jägersoße, $^{1}/_{2}$ Tasse Dosenmilch, 3 Pfefferkörner, $^{1}/_{4}$ Lorbeerblatt, 1 Stück Zitronenschale, 1 Tasse kräftiger Rotwein, Salz, Paprika, Zucker.

Aus dem Mehl und dem Fett eine helle Schwitze bereiten. Die Jägersoße in $^{1}/_{8}$ l Wasser und Dosenmilch anrühren, dazugießen. Die Pfefferkörner, das Lorbeerblatt und die Zitronenschale in ein Tee-Ei stecken, in die Flüssigkeit geben. Die Soße 10 Minuten durchkochen lassen. Mit Rotwein verrühren, mit Salz, Paprika und Zucker abschmecken.
Zu Fleisch- (besonders Wild-) Resten reichen.

Sardellensoße

1 TL Mehl, 1 TL Margarine, $^{1}/_{2}$ Päckchen kochfertige weiße Soße, $^{1}/_{4}$ l Milch, $^{1}/_{8}$ l Weißwein, 1 EL Zitronensaft, Sardellenpaste nach Geschmack.

Aus Mehl und Fett eine helle Schwitze bereiten. Die kochfertige weiße Soße in der Milch anrühren, dazugießen, einige Minuten durchkochen lassen. Dann die Soße von der Kochstelle nehmen. Wein und Zitronensaft unterrühren. Mit Sardellenpaste kräftig abschmecken.

Zu Fisch, Hälften von hartgekochten Eiern, Kalbfleisch oder Kartoffelbrei reichen.

Schnittlauchsoße

1 TL Mehl, 1 TL Margarine, $^1/_4$ l Würfelbrühe, $^1/_8$ l Dosenmilch, Salz, Pfeffer, 1 EL Zitronensaft, 1 Bund Schnittlauch, 1 TL sehr fein gehackte Petersilie.

Aus Mehl und Fett eine helle Schwitze bereiten. Mit der Brühe aufgießen, gut durchkochen lassen. Die Milch unterrühren. Mit Salz, Pfeffer und Zitronensaft abschmecken. Von der Kochstelle nehmen, den feingeschnittenen Schnittlauch und die Petersilie untermischen.
Zu Salzkartoffeln, gekochtem Rindfleisch oder Fisch geben.

Ungarische Soße

2 EL Öl, 2 Zwiebeln, 2 Tomaten, 1 Paprikaschote, frisch oder mariniert, 1 EL durchwachsener, gewürfelter Räucherspeck, $^1/_4$ l Würfel-Bratensoße, 1 TL geriebener Meerrettich, 1 EL gehackte Petersilie, 1 EL Weinbrand.

Das Öl erhitzen. Die grobgehackten Zwiebeln, die enthäuteten, geviertelten Tomaten und die vorbereitete, in

Ringe zerteilte Paprikaschote dazugeben. Mit dem Räucherspeck gut durchschmoren. Dann mit der Bratensoße aufgießen. Einige Minuten kochen lassen. Die fertige Soße sehr pikant mit Meerrettich, Petersilie und Weinbrand würzen.
Mit Reis, Nudeln und/oder Fleischresten servieren.

Zigeunersoße

$^1/_2$ Päckchen kochfertige Jägersoße, 2 EL Tomatenmark, 2 EL Tomatenketchup, $^1/_2$ Tasse Rotwein, Paprika, $^1/_2$ Tasse Dosenmilch, Salz.

Die Jägersoße mit $^1/_4$ l Wasser anrühren, gut durchkochen. Tomatenmark und Ketchup einrühren. Mit Rotwein, Paprika, Milch und Salz pikant abschmecken.
Zu Kartoffelbrei oder Pommes frites geben.

Zwiebelsoße

4 große Zwiebeln, 1 EL Margarine, 1 Prise Curry, $^1/_2$ Tasse Weißwein, $^1/_4$ l kochfertige Bratensoße, $^1/_2$ Tasse Ananaswürfel aus der Dose, Salz, Zucker, Paprika.

Die Zwiebeln hacken. Im erhitzten Fett anschmoren. Mit dem Curry bestreuen, durchrühren. Mit Wein und Bra-

tensoße aufgießen. Die sehr fein geschnittenen Ananasstücke unterheben. Mit Salz, Zucker und Paprika pikant abschmecken.
Paßt besonders gut zu Hammel- und Rindfleisch.

Kartoffeln und Gemüse einmal anders

Der Mensch lebt nicht vom Braten allein. Und das nicht nur der Kosten wegen! Wie eintönig wäre unsere tägliche Kost ohne Kartoffeln und Gemüse und alle die anderen Magenfüller, die jedoch beileibe nicht nur zum Magenfüllen dazusein brauchen!

Nicht nur bei Vegetariern haben sich die noch von Großmama als Beilagen bezeichneten Gerichte auf pflanzlicher Basis in den letzten Jahren immer mehr durchgesetzt – wahrscheinlich deshalb, weil wir gerade Gemüse, Kartoffeln, Reis und ähnliches im Zuge des modernen Kochens erst heute richtig zuzubereiten wissen.

Gemüse wird beim Garen nicht mehr ausgelaugt und mit Mehl verklebt und damit allen Charakters und Geschmacks beraubt. Herzhaft, dem Biß gerade noch ein wenig widerstehend und voller Eigenaroma, ist es eine Freude für alle Feinschmecker.

Kartoffeln genießen wir, der schlanken Linie zuliebe, nur noch in kleinen Mengen – jedoch mit besonderer Liebe zubereitet. Für Reis und anderes haben wir uns aus fernen Küchen die idealen Rezepte abgesehen. Gewiß, auch Gemüse ist nicht mehr billig. Doch während der Zeit des größten Angebots eingekauft, schont es noch immer das Wirtschaftsgeld.

Frieren Sie übrigens ein? Dann sollten Sie auch für Gemüse einen Platz in der Truhe reservieren. Es lohnt sich viel mehr, es erntefrisch in den Tiefkühlschrank zu versetzen als etwa ein halbes Schwein einzufrieren. Wie apart Sie Gemüse reichen können, sehen Sie an den nun folgenden Rezepten.

Doch zuerst zum meist servierten Gemüse unserer Breiten. Lesen wir, wie Baron von Rumohr es lobt: »Von den nahrhafteren Gemüsen steht jenes vortreffliche Knollengewächs, das gemeinhin die Kartoffel (Solanum tuberosum esculentum) benannt wird, mit vollem Recht voran.« Wie läßt sich nun jenes vortreffliche Knollengewächs auf nicht alltägliche Weise für Gourmets schmackhaft machen?
Alle nun folgenden *Kartoffelgerichte* ergeben auch ohne Fleischbeilage mit einer der pikanten Soßen aus unserem Soßenkapitel (S. 47) oder auch mit Gemüsen und Salat eine komplette, perfekte Mahlzeit.

Kartoffelkroketten

12–15 gekochte Kartoffeln (je nach Größe und Appetit), 2 Eier, 1 EL Margarine, 1 EL Mehl, Salz, Pfeffer, geriebene Muskatnuß, Semmelbrösel zum Panieren, Fett zum Backen.

Die geschälten Kartoffeln noch heiß durchpressen oder erkaltet fein reiben. Mit $^{2}/_{3}$ der verquirlten Eimasse und den übrigen Zutaten verrühren. Daumendicke und -lange Würstchen formen, in Ei und Semmelbrösel wenden. Im heißen Fett von allen Seiten goldbraun backen.

Kartoffel-Schinken-Bällchen

Zutaten wie Kartoffelkroketten, dazu 100 g magerer roher Schinken, 1 EL feingehackter Schnittlauch.

Den Schinken hacken, mit dem Schnittlauch unter die Krokettenmasse rühren. Bällchen formen, in heißem Fett rundum hell backen.

Elsässer Pfluten

12–15 gekochte Kartoffeln, 1 Ei, 2 EL Mehl, Salz, Pfeffer, 1 Knoblauchzehe, 1 Prise geriebene Muskatnuß, 1 EL gehackter Schnittlauch, 1 EL Butter, 1 EL sehr fein gehackte Petersilie.

Die gekochten Kartoffeln durchpressen oder fein reiben. Mit allen übrigen Zutaten vermischen. Tischtennisballgroße Bällchen formen und auf ein gefettetes Blech setzen. Etwas flach drücken. In der vorgeheizten Röhre bei 220° in ca. 15 Minuten goldbraun backen. Dazu gehören würziges Sauerkraut und geröstete Zwiebelringe.

Gefüllte Kartoffeln

12 große Kartoffeln, 200 g durchwachsener Räucherspeck, 2 Zwiebeln, 1 Eigelb, 1 EL Dosenmilch, Salz, 1 EL gehackte Petersilie, 1 Becher saure Sahne oder Joghurt.

Die Kartoffeln schälen, eine Kappe abschneiden. Mit dem Kaffeelöffel vorsichtig aushöhlen. Den Speck würfeln, ausbraten. Die Zwiebeln reiben, im erhitzten Fett schmoren. Mit Eigelb, Milch, Salz und Petersilie verrühren, in die Kartoffeln füllen, mit der sauren Sahne begießen, in einer feuerfesten Form in der vorgeheizten Röhre bei 220° ca. 30 Minuten garen.
Dazu paßt jedes Gemüse.

Pfälzer Blech-Kartoffeln

12 große Kartoffeln, Salz, gemahlener Kümmel, 2 EL Margarine, 2 EL saure Sahne.

Die Kartoffeln sehr gut waschen, quer halbieren. Jede Hälfte mit der Schnittfläche auf das Backblech setzen. An der runden Seite kreuzförmig einschneiden. Mit Salz und Kümmel bestreuen. 1 EL Margarine in Flöckchen auf die Schnittstellen verteilen. Die Kartoffeln für 25 Minuten in die auf 220° vorgeheizte Röhre geben. Dann das restliche

Fett und saure Sahne in die inzwischen aufgeplatzten Schnitte träufeln, die Kartoffeln weitere 15 Minuten backen.
Mit Kräuterquark servieren!

Kartoffel-Sandwiches

10–12 Kartoffeln, Salz, 1 EL Margarine, 1 Zwiebel, 1 EL Mehl, Salz, Pfeffer, 1 Tasse Würfel-Bratensoße, 1 EL gehackte Petersilie, etwas zerbröselter Estragon, 2 EL Dosenmilch, 4 Scheiben Käse.

Die Kartoffeln schälen, der Länge nach halbieren. In leichtem Salzwasser garen, jedoch nicht allzu weich kochen. Inzwischen die gehackte Zwiebel im erhitzten Fett anschmoren. Das Mehl dazurühren. Salzen, pfeffern, mit der Bratensoße aufgießen. Mit Petersilie und Estragon würzen, mit der Dosenmilch abrunden. Geben Sie nun die mit den geviertelten Käsescheiben belegten Kartoffelhälften in eine feuerfeste Form, gießen Sie die Soße dazu. In der heißen Röhre bei 250° 5 Minuten überbacken.

Kümmelkartoffeln

15–20 kl. Kartoffeln, Salz, Kümmel, 1 EL Margarine, 1 EL gehackter Kerbel.

Die Kartoffeln gut waschen. In leichtem Salzwasser mit Kümmel weich kochen. Dann die Kartoffeln abtropfen lassen, schälen. In eine feuerfeste Form geben. Abdampfen lassen. Das Fett mit den Kräutern verrühren, in Flocken daraufsetzen und einige Minuten in die heiße Röhre (250°) geben.

Kartoffelbrei mit Käse

Mischen Sie zur Abwechslung einmal 2 EL geriebenen Käse, etwas Muskat und 1 EL feingehackte Kresse unter den Kartoffelbrei.

Überbackener Kartoffelbrei

Kartoffelbrei, 3 EL geriebener Käse, 2 EL Semmelbrösel, frischgemahlener Pfeffer, 1 EL gehackte Petersilie, 1 EL Margarine.

Kartoffelbrei in feuerfeste Portionsschälchen streichen. Käse mit Semmelbröseln vermischen, mit Pfeffer schärfen. Die Petersilie dazurühren, auf die Kartoffelbreiportionen streuen. Mit Fettflöckchen besetzen und in der vorgeheizten Röhre bei 250° 10 Minuten überbacken.

Pariser Kartoffelauflauf

12 große Kartoffeln, 2 EL Margarine, 3 Eier, $^{1}/_{2}$ Dose Milch, 2 EL geriebener Käse, 2 EL gehackte Petersilie, Salz, Pfeffer, wenig Oregano.

Die Kartoffeln schälen, weichkochen. Mit einer Gabel zerdrücken, mit allen anderen Zutaten verrühren. In eine gefettete feuerfeste Form streichen. Den Auflauf bei 180° in ca. 50 Minuten goldbraun backen. In Tortenstücke geschnitten heiß servieren.
Sie können auch 1–2 Tassen gegartes, zerkleinertes feines Gemüse, wie Erbsen und Möhren, Spargelabschnitte, Bohnen oder Blumenkohl, auch Tomaten, unter die Auflaufmasse heben und dafür 2 Kartoffeln weniger verwenden.

Pfälzer Kartoffeltopf

12 große Kartoffeln, 2 Lauchstangen, 2 EL Margarine, $^{1}/_{4}$ l kräftige Würfel-Bratensoße, 1 Tasse würziger Weißwein, Salz, Pfeffer.

Die Kartoffeln schälen, in dünne Scheiben schneiden. Abwechselnd mit den Lauchringen in eine gefettete feuerfeste Form schichten. Mit der Bratensoße übergießen, mit Butterflöckchen besetzen. In der vorgeheizten Röhre bei 180° in ca. 50 Minuten garen. Dann mit dem Wein übergießen, noch 5 Minuten im heißen Bratrohr durchziehen lassen. Mit Salz und Pfeffer abschmecken, Koteletts können, müssen aber nicht dazu gegeben werden.

Kartoffelpfannkuchen
(Kartoffelpuffer, Reibekuchen)

gehören zu den einfachen Gerichten, die Kindheitserinnerungen wecken und deshalb immer begeistert aufgenommen werden. Reichen Sie sie deshalb öfter einmal mit grünem Salat und/oder Apfelmus.

Ca. 1500 g Kartoffeln, 2 Eier, Salz, 2 EL Mehl. Zum Backen Öl, Margarine, Schweinefett oder Räucherspeck.

Ca. 2/3 der Kartoffeln roh schälen, reiben, auspressen. Der Rest sollte gekocht verwendet werden. Er wird, ebenfalls feingerieben, unter die rohen Kartoffeln gemischt. Wenn Sie Zeit und Arbeit sparen wollen, statt der Kartoffeln Fertigprodukte aus der Packung verwenden.

Eier unterrühren, salzen. Mehl dazugeben, die Masse einige Minuten quellen lassen. Fett in der Pfanne sehr heiß werden lassen (evtl. Speckwürfel ausbraten), die

Kartoffelmasse dazugeben und auf beiden Seiten goldbraun backen.

Bratkartoffeln für Männer

100 g fetter Speck, 2 EL Öl, 12 Kartoffeln, 1/4 l Würfelbrühe, 2 Zwiebeln, Salz, Pfeffer, 1 EL gehackter Schnittlauch.

Den Speck würfeln, ausbraten. Das Öl dazugießen. Die Kartoffeln schälen, in kleine Würfel schneiden, dazugeben. Anbraten. Mit der Brühe aufgießen, die Pfanne abdecken, 15 Minuten schmoren lassen. Dann die Zwiebeln dazureiben, die Kartoffeln salzen und pfeffern. Unter ständigem Wenden knusprig braten. Mit dem Schnittlauch bestreut servieren.

Gefüllte Kartoffelklöße

12 große Kartoffeln, Salz, 1 Tasse Mehl, 125 g durchwachsener Räucherspeck, 1 Zwiebel, 1 Eigelb, Salz, Pfeffer, 1 EL fein gehackter Schnittlauch.

Die Kartoffeln weich kochen, schälen, durchpressen. Die erkaltete Kartoffelmasse mit Salz und Mehl verkneten. Den Speck würfeln, ausbraten. Die Zwiebel reiben und mitschmoren. Während des Erkaltens Eigelb unterrühren.

Mit Salz, Pfeffer und Schnittlauch pikant würzen. Vom Kartoffelteig tennisballgroße Stücke abnehmen, eine Vertiefung in die Mitte drücken. Die Knödel mit der Speck-Zwiebel-Masse füllen. In leichtem Salzwasser 15 Minuten gar ziehen lassen.
Mit beliebiger Soße servieren.

Gute Tips rund um die Kartoffel

Klöße, denen Eier zugegeben werden, gelingen besonders locker, wenn das Eiweiß vor dem Unterheben zu Schnee geschlagen wird.
Alle Klöße behalten ihre schöne runde Form, wenn sie vor dem Kochen in Mehl gewälzt werden.
Wenn Sie Kartoffeln verschiedener Größe miteinander kochen wollen, so müssen die großen mehrmals mit einer Gabel oder Stricknadel eingestochen werden. So werden alle Kartoffeln gleichzeitig gar. Wenn Sie es eilig haben, dürfen Sie ohne Furcht vor Kritik auch zu kochfertigen Klößen oder Püree aus der Packung greifen. Besonders wohlschmeckend und ergiebig werden die Klöße, wenn Sie einige geriebene gekochte Kartoffeln zum angerührten Fertigprodukt mischen.
Kartoffelbrei wird besonders pikant, wenn zusammen mit den Kartoffeln eine Zwiebel weich gekocht und mit durchpassiert wird.

Überreste von Klößen geben in Stücke geschnitten eine passende Einlage in Bouillonsuppen. Doch läßt man sie nur wenige Minuten darin kochen.
Mit übriggebliebenen Kartoffel- oder Semmelklößen läßt sich eine billige wohlschmeckende Abendschüssel herstellen. Man schneidet sie in starke Scheiben oder bratet sie wie Bratkartoffeln, jedoch ohne Zwiebeln. Man kann sie mit gehackten Schinkenresten vermischen oder in eine tiefe Schüssel legen.

Die Mischung übergießt man mit 1 Obertasse Milch, die man mit 1 Ei abgequirlt hat, und bäckt das Gericht $^{1}/_{2}$ Stunde im Ofen.

Mathilde Ehrhardts »Großes Illustriertes Kochbuch« von 1898.

Kartoffelnestchen mit Gemüse

Kartoffelbrei in der gewohnten Menge, 1 TL Margarine, 1 kl. Dose Bohnen, 1 Dose Leipziger Allerlei (Erbsen und Möhren), 1 EL Margarine, 2 EL Semmelbrösel.

Nicht zu dünnen Kartoffelbrei mit einer dicken Tülle so auf ein gefettetes Backblech spritzen, daß Körbchen von ca. 6–7 cm Durchmesser entstehen. In der vorgeheizten Röhre bei 220° 10 Minuten backen. Inzwischen das gemischte abgetropfte Gemüse (auch Spargelabschnitte und gegarte Blumenkohlröschen passen) bereitstellen. Das Fett erhitzen und darin die Semmelbrösel goldbraun backen. Das Gemüse in die heißen Körbchen geben, mit den gerösteten Semmelbröseln überstreuen, noch 5 Minuten überkrusten.

Gemüsegerichte

Gebackener Blumenkohl

1 großer oder 2 kleinere Köpfe Blumenkohl, Salz, 1 Tasse Mehl, 1 Ei, 1 EL Öl, 1 EL Weinbrand, 1/2 Tasse Mineralwasser, 1 kl. Prise Ingwer.

Den gut gewaschenen Blumenkohl in leichtem Salzwasser nicht zu weich kochen. Abtropfen lassen. Aus allen übrigen Zutaten einen Teig rühren. Diesen über den Blumenkohl gießen und im erhitzten Fett goldbraun backen. Mit Tomaten anrichten, und dazu Kartoffelsalat oder Kartoffelpüree geben.

Leipziger Torte

Blätterteig von 200 g Mehl (nach dem Rezept auf S. 129 bereiten), 1 Dose Erbsen und Möhren, 1 kl. Dose Bohnen, 2 EL Semmelbrösel, 1 EL Margarine.

Eine Springform mit Blätterteig auskleiden. Den Teig in der vorgeheizten Röhre bei 220° 15 Minuten vorbacken. Dann die gut abgetropften Erbsen und Möhren daraufgeben. Mit Semmelbröseln bestreuen. Mit Fettflöckchen besetzen. Weitere 15 Minuten backen.
Geben Sie dazu grünen Salat.

Eiergemüse

4 große Zwiebeln, 4 Tomaten, 4 Paprikaschoten, 2 EL Öl, 1 EL Essig, Salz, 1–2 kleine, scharfe Pfefferschoten, 4 Eier.

Die Zwiebeln schälen, grob hacken. Die Tomaten enthäuten, vierteln. Zusammen mit den vorbereiteten, in Ringe zerteilten Paprikaschoten im erhitzten Öl durchschmoren. Mit Essig und Salz würzen, mit 1 Tasse Wasser aufgießen. Mit den gehackten Pfefferschoten schärfen, bei kleiner Hitze das Gemüse weich schmoren. Dann mit dem Löffel Vertiefungen in das Gemüse drücken und vorsichtig die Eier hineingleiten lassen. Bei weiteren 5 Minuten Garzeit die Eier fest werden lassen.
Beilagen: mehlige Salzkartoffeln.

Tomatenragout Balkanart

1 EL Öl, 2 Zwiebeln, 1 marinierte Paprikaschote, 750 g Tomaten, Salz, wenig Paprika, je 1 kl. Prise Ingwer und Curry, 1 EL Weinbrand, 1 EL Mehl, 2 EL Milch.

Das Öl erhitzen. Die geriebenen Zwiebeln, die in Ringe geschnittene Paprikaschote und die enthäutete, im ganzen gelassenen Tomaten darin 15 Minuten schmoren. Die Tomaten herausnehmen. Soße mit den Gewürzen und

Weinbrand schärfen. Mit dem in der Milch angerührten Mehl binden. Mit den Tomaten zu Nudeln, Reis oder Kartoffeln reichen.

Zwiebelgemüse

1000 g Zwiebeln, $^{1}/_{2}$ l Würfelbrühe, 1 TL Margarine, 1 TL Zucker, etwas Kümmel, $^{1}/_{2}$ Tasse Dosenmilch, 1 EL Mehl, Salz, Pfeffer.

Die (möglichst nicht zu großen) Zwiebeln schälen. Im ganzen in der Brühe ca. 10 Minuten kochen. Dann gut abtropfen lassen. In einer Pfanne Fett und Zucker anbräunen, die Zwiebeln unter Schütteln einige Minuten darin Farbe annehmen lassen. Dann mit der Kochbrühe aufgießen. Den Kümmel dazugeben. Die Zwiebeln in 20 Minuten weich schmoren. Mit dem in der Milch angerührten Mehl binden, vorsichtig mit Salz und Pfeffer nachwürzen.
Mit mehligen Salzkartoffeln servieren.

Rosenkohl pikant

1 TL Schweineschmalz, 2 säuerliche Äpfel, 3 Zwiebeln, 750 g Rosenkohl, $^{1}/_{2}$ l kräftige Würfelbrühe, 1 TL Mehl, Salz, Pfeffer.

Das Schmalz erhitzen. Die geschälten, in Scheiben geschnittenen Äpfel und Zwiebeln sowie den vorbereiteten Rosenkohl darin anschmoren. Mit der Brühe aufgießen, in ca. 25 Minuten nicht zu weich garen. Mit dem in wenig Flüssigkeit angerührten Mehl binden, mit Salz und Pfeffer abschmecken.

Geben Sie dazu Bratkartoffeln.

Gemüse richtig eingekauft

Um feststellen zu können, ob billiges Gemüse auch wirklich günstig ist, sollten Sie die Grundlagen der amtlich vorgeschriebenen Kennzeichnung wissen. *Handelsklasse A* verlangt Gemüse »mit hohem Gebrauchswert«. Das bedeutet: es wird nur ausgewählt schöne Ware angeboten. Und das im wörtlichen Sinn, denn schon ein paar Flecken oder nicht ganz gerader Wuchs schließen die Stücke von dieser Sonderklasse aus. Weil solche Schönheitsfehler keine Qualitätsminderung bedeuten, können sie beim Einkauf für den täglichen Kochtopf ohne weiteres hingenommen werden, wenn sich das in einer spürbaren Preisermäßigung niederschlägt. Unter der *Handelsklasse B* wird Gemüse »mit Gebrauchswert ohne besonderen Abfall« angeboten. Das ist die Ware, die sich ideal für den normalen Haushalt eignet, wenn sie frisch ist und gleich verwendet wird. Mit der *Handelsklasse C* wird Gemüse »mit noch Gebrauchswert«, also schon länger gelagertes, ausgezeichnet. Darauf sollten Sie normalerweise verzichten, denn der Qualitätsverlust wird kaum durch die Preisermäßigung ausgeglichen.

Ausfall bedeutet Ware, die den Bestimmungen aller übrigen Handelsklassen nicht mehr genügt.

Darauf ist bei einzelnen Gemüsesorten zu achten: Gurken müssen dunkel und glänzend aussehen. Sie dürfen keine schlaffe Spitze haben. Auch Paprikaschoten sollten glänzen und fest sein.

Wählen Sie beim Einkauf von Rot- und Weißkohl kleine,

fest verschlossene Köpfe. Sie sind ergiebiger und weniger von Schädlingen befallen. Große Sellerie-Knollen sind oft innen hohl und strohig. Sie sollten deshalb glatte, mittelgroße Knollen einkaufen. Die Blätter sollten noch frisch grün sein, damit sie zur Suppe verwendet werden können.

Dunkelgrüner, noch etwas feuchter Spinat ist frisch und deshalb besonders ergiebig.

Wählen Sie hell- bis mittelrote Tomaten statt der dunklen, überreifen, die schnell verderben und sich nur schwer schneiden lassen. Sehr reife Tomaten können Sie jedoch recht gut für Suppen, Soßen und Ragouts wählen.

Die besten Eintöpfe

»Der Mann soll erwerben, das Weib aber soll ersparen. Damit kann das Weib den Mann wohl reich machen, denn der ersparte Pfennig ist besser, denn der erworbene«, sagt Martin Luther in seinen Tischreden.

Eintöpfe sind ein echtes Männer-Essen! Nutzen Sie diese Vorliebe – sparen Sie deshalb mit Zusammengekochtem! Ein weiteres Plus dieser Gerichte: sie verlangen nicht nur wenig finanziellen Aufwand, sondern sind dazu noch zeitsparend. Und praktisch, weil sie schon stundenlang vor dem Servieren vorbereitet werden können.
Weil Eintöpfe aufgewärmt besonders gut schmecken, sollten Sie die Menge nicht zu knapp bemessen. Übrigens läßt sich gerade bei Eintopfgerichten die Quantität der Zutaten niemals genau empfehlen: wie weit sie reichen, hängt davon ab, ob Sie sie, mit Flüssigkeit bereitet, als Suppe reichen oder ob sie das Hauptgericht ersetzen. Doch, wie gesagt: hier schadet's nichts, wenn Reste bleiben! Sie finden ganz gewiß noch ihre Freunde!

Besonders sparsam ist ein

Hühnertopf

Verwenden Sie dazu ein Suppenhuhn. Kochen Sie es in leichtem Salzwasser ca. 60 Minuten vor. Lösen Sie nun das dicke Fleisch von Brust und Schenkeln. Es kann pa-

niert und als Geflügelschnitzel gebacken zu Salat serviert werden.
Die Hälfte des Suds ergibt eine ausgezeichnete Geflügelsuppe.
Die restliche Brühe sowie das übrige von den Knochen gelöste Fleisch wird zu unserem Feinschmecker-Eintopf verwendet. Sie brauchen außerdem dazu:

3 Tassen Reis, 1 Bund Suppengemüse, 1 EL Butter, 1 Zwiebel, 1 Prise Paprika, 1 EL Zitronensaft, Suppengewürze, Muskatnuß.

Den Reis mit dem gut zerkleinerten Suppengemüse in die (evtl. mit Wasser auf 8 Tassen Flüssigkeit aufgefüllte) Brühe geben, zum Kochen bringen. In der erhitzten Butter inzwischen die gehackte Zwiebel und das kleingeschnittene Hühnerfleisch anschmoren. Mit Paprika bestäuben und zum Reis geben. Den Reis in ca. 15 Minuten ausquellen lassen. Den Suppentopf mit Zitronensaft, Suppenwürze und geriebener Muskatnuß abschmecken.
Diesen Eintopf können Sie nach Lust und Laune sowie nach Ihren Vorräten beliebig abändern:
Mischen Sie unter das fertige Gericht Reste von gegartem feinem Gemüse, wie Erbsen, Bohnen, Möhren, Schwarzwurzeln, Pilze oder Spargel.
Oder würzen Sie kräftig mit Majoran, Thymian und Salbei. Ersetzen Sie, falls das Hühnerfleisch knapp ist, einen Teil davon durch Hühnerleber.

Auch halbierte Silberzwiebeln oder Mixed Pickles, unter das fertige Gericht gehoben, machen sich apart. Statt Reis können Sie auch Würfel von geschälten Kartoffeln mitkochen.
Ebenso eignen sich geschälte Tomaten aus der Dose zum Variieren des Hühnertopfes.
Wenn Sie es pikant lieben, gehackte Sardellenfilets unterheben. Oder viel Rosenpaprika, in wenig Dosenmilch aufgelöst, über jede Portion geben.

Napoleon-Topf

heißt dieser Eintopf aus dem Kochbuch meiner Großmutter.

200 g Schweinehals, 2 EL Öl, 1 Bund Suppengemüse, 3 große Zwiebeln, Salz, Pfeffer, 10 gekochte Kartoffeln, 1/4 l saure Sahne oder Joghurt, 2 EL Mehl, 150 g durchwachsener Räucherspeck, 1 TL Margarine, 2 EL Semmelbrösel, 2 EL geriebener Käse.

Den Schweinehals in sehr dünne, kleine Plättchen schneiden. Im erhitzten Öl anbraten. Dann das Fleisch aus dem Fett nehmen. Das zerkleinerte Suppengemüse und die Zwiebeln darin schmoren. Salzen, pfeffern. Die Kartoffeln schälen, in dünne Scheiben schneiden. Das geschmorte Gemüse im Mixer zerkleinern oder durch ein Haarsieb streichen. Mit der Sahne verrühren, das Mehl

dazugeben, kurz aufwallen lassen. Den Speck in sehr dünne Scheiben schneiden. Schichten Sie nun abwechselnd gebratenes Fleisch, Kartoffeln und Speckscheiben in eine feuerfeste Form. Mit der Gemüse-Sahnesoße übergießen. Mit Fettflöckchen, Semmelbröseln und Käse bestreuen. 40 Minuten bei 200° in der Röhre backen.
Geben Sie dazu frischen Salat.

Winzereintopf

200 g Schweinegulaschfleisch, 200 g mageres Hammelfleisch, 3 Zwiebeln, 10 Kartoffeln, 1 Knoblauchzehe, $^{1}/_{2}$ *l Würfelbrühe,* $^{1}/_{4}$ *l einfacher Weißwein oder Apfelwein, 1 Rindermarkknochen, Salz, frischgemahlener Pfeffer.*

Das Fleisch in feine Scheiben schneiden. Die Hälfte davon in einen Brattopf geben. Darauf schichtweise Zwiebelringe, Kartoffelscheiben und Fleisch legen. Die oberste Schicht sollte aus Kartoffeln bestehen. Den Knoblauch pressen, mit der Brühe und dem Wein verrühren. Dazugießen. Das Knochenmark in Flocken auf den Eintopf setzen. Mit Salz und Pfeffer bepudern und in der Röhre in ca. 90 Minuten im bedeckten Topf gar schmoren.

Lauchtopf

350 g Schweine-Halsfleisch, Salz, 2 EL Öl, 400 g Lauch, 400 g Tomaten, 1 Paprikaschote, 1 Zitrone, Paprika, 1 EL Sojasoße, 1/2 l Würfelbrühe, 1 TL Stärkemehl.

Den Schweinehals in kleine, dünne Scheiben schneiden. Salzen. Im erhitzten Öl von beiden Seiten anbraten. Das in Ringe geschnittene Weiße der Lauchstangen und die geschälten, halbierten Tomaten, die vorbereitete, gehackte Paprikaschote, Zitronensaft und 1 Prise abgeriebene Zitronenschale dazugeben. Mit Paprika bestreuen. Mit Sojasoße und Würfelbrühe aufgießen, in 20 Minuten weich schmoren. Mit dem in wenig Flüssigkeit angerührten Stärkemehl binden. Reichen Sie dazu Reis, dem vor dem Servieren kleingehackte Petersilie beigegeben wurde.

Kohlrouladen-Eintopf

Wegen der vielen verschiedenen Zutaten lohnt es sich nicht, eine kleinere Menge als diese für ca. 6 Personen ausreichende zuzubereiten. Weil gerade dieser Eintopf auch aufgewärmt vorzüglich mundet, ist diese etwas größere Menge immer willkommen, wie Sie sehen werden.

16 große Weißkohlblätter, 1 Tasse heißer Essig, 350 g gemischtes Hackfleisch, 1 Ei, Salz, Pfeffer, geriebene Muskatnuß, 1 große Zwiebel, 1 EL gehackter Räucherspeck,

3 EL Schweineschmalz, 400 g Sauerkraut, 10 Kartoffeln, 1 Döschen Tomatenmark, 1 Tasse saure Sahne, 1 Tasse Würfelbrühe.

Den Weißkohl mit dem heißen Essig überbrühen, ca. 60 Minuten stehenlassen. Das Hackfleisch mit dem Ei verrühren, mit Salz, Pfeffer und Muskat sehr pikant abschmecken. Die Zwiebel hacken, zusammen mit dem Speck anbraten, zur Hackfleischmasse geben. Auf die Kohlblätter verteilen, die Blätter zu Rouladen rollen und in erhitztem Fett ringsum goldbraun braten.
Die Hälfte des Sauerkrauts in einen Brattopf legen, darauf die Hälfte der geschälten, in Scheiben geschnittenen Kartoffeln. Die Kohlrouladen darauf schichten. Mit den restlichen Kartoffeln und dem Kraut abdecken. Tomatenmark mit Sahne und Brühe verrühren, darübergießen. Im bedeckten Topf in der Röhre bei Mittelhitze 90 Minuten schmoren lassen.

Suppen, die nicht jeder kennt

Die Suppe, jahrhundertelang und noch an Großmamas Eßtisch unersetzbarer Bestandteil jeder Mahlzeit, ist nicht mehr in Mode!
Wer hat schon Zeit, Tag für Tag ein komplettes, vielgängiges Menü zuzubereiten? Und wer nimmt sie sich, um in Ruhe mehrere Gänge zu genießen? Zudem wurde gerade die Suppe von der Schlankheits-Welle überspült.
Suppen machen dick – dieser Satz wird ungeprüft und ganz ungerechtfertigt von Mund zu Mund weitergegeben. Ist er vielleicht sogar der Hauptgrund dafür, daß so selten Suppen als eigenständige leichte Mahlzeit gereicht werden? Kein anderer, wirklich stichhaltiger Grund spräche dagegen.
Suppen, mit Pfiff und Überlegung gekocht, müssen nicht teuer sein. Ob Sie sie als Vorsuppe, mit wenigem anderem, mit Resten oder belegten Broten oder als komplettes kleines Essen reichen – der Aufwand ist immer viel bescheidener als der Effekt!
Bitte, probieren Sie doch auch einmal aus, wie gut sich Gäste bei kleinen Festen, bei Partys und anderen besonderen Gelegenheiten mit Suppen bewirten lassen. Sie werden erstaunt feststellen können, daß Sie für Ihre Suppen viel mehr Lob bekommen als für kostspielige kalte Platten.
Übrigens: besonders Männer mögen heiße Suppen, nach guter alter Hausmannsart oder nach den ein wenig ausgefallenen Rezepten fremder Länder. Denken Sie daran!

Für sparsame Hausfrauen

Suppenreste an sich sind wohl kaum zu anderen Gerichten zu verwenden, es müßte denn Bouillon sein, die man zum Kochen des Gemüses verbrauchen kann. Doch wird ein Teller gewärmter Suppe, ganz besonders im Winter, am Abend meist dankbare Abnehmer finden. Dennoch sind es gerade die Suppen, welche für die Sparsamkeit der Hausfrau ein geeignetes Feld bieten; denn wie viele Suppen lassen sich gerade aus Resten herstellen.

Eine schmackhafte *Fleischpüree-Suppe* stellt man her, indem man Reste von Braten, Geflügel oder gekochtem Fleisch mit heißem Wasser abspült und danach ganz fein wiegt oder im Mörser zerstößt. Alsdann schwitzt man das Fleisch mit Fett und einer Zwiebel an, stäubt Mehl darüber, füllt mit kochendem Wasser auf, und die Suppe ist sämig. Durch ein Sieb gestrichen, mit Salz und Maggiwürze abgeschmeckt, wird die Suppe über gerösteten Brotwürfeln angerichtet.

Ferner: wo blieben unsere *Brotreste,* wenn wir sie nicht zur Suppe verwendeten?

Auch jederlei *Hülsenfrüchte* und *Wirsing- oder Weißkohlreste* werden durchgestrichen, mit kochendem Wasser aufgefüllt und mit dem nötigen Zusatz an Butter, Salz und Maggiwürze wohlschmeckende, nahrhafte Suppen.

»Großes Illustriertes Kochbuch«
von *Mathilde Ehrhardt, 1898*

Mathilde Ehrhardts Bratenknochensuppe

Knochen von Kalbs-, Reh- oder Hasenbraten geben für die Familie noch eine gute Suppe, besonders, wenn man auch noch einige Fleischabfälle hat. Das etwa noch an den Knochen befindliche Fleisch wird abgeputzt und zu Klößchen beiseite gelegt. Die Knochen zerhackt man möglichst fein. Noch vorhandene Fleischreste, die man verwenden will, und roher Schinken werden fein gewiegt und das Ganze in Fett zusammen mit fein geschnittener Zwiebel und Suppenkräutern gebräunt. Dann fügt man Mehl dazu und läßt dasselbe ebenfalls bräunen, muß sich dabei aber hüten, daß es nicht anbrennt. Hierauf gießt man kochendes Wasser darauf, gibt Salz dazu und läßt die Suppe lange kochen. Die Suppe muß durch ein feines Haarsieb gegossen werden, damit alle Knochensplitter zurückbleiben. Zuletzt fügt man noch 1 Glas Rotwein zur Suppe und würzt je nach Geschmack mit Pfeffer. Aus dem zurückgelegten Fleisch macht man Fleischklößchen, indem man dasselbe fein wiegt, eingeweichte Semmel, Ei und zerriebene Semmel dazugießt. Man würzt die Klößchen mit Salz, Pfeffer und geriebener Muskatnuß und kocht sie in der Suppe gar. Der Geschmack der Suppe wird durch einen Zusatz von Maggiwürze ungemein gehoben. Hat man keine Fleischklößchen, so kocht man die Suppe etwas dicklicher, indem man noch etwas braunes Buttermehl dazutut . . .

Lebersuppe

1 Zwiebel, 1 Stange Lauch, 1 EL Margarine, 200 g Leber, Salz, Pfeffer, 1 EL Weinbrand, 1 EL Sojasoße, 1 l Würfelbrühe, 1 Ei, 1 EL gehackter Schnittlauch, Ingwer.

Die geriebene Zwiebel und das in Ringe geschnittene Weiße vom Lauch im erhitzten Fett anschmoren. Die im Mixer oder Fleischwolf zerkleinerte Leber dazurühren. Salzen, pfeffern. Weinbrand, Sojasoße und Brühe dazugießen, 5 Minuten durchkochen lassen. Dann das Ei und den Schnittlauch unterrühren. Mit einem Hauch Ingwer bepudern.

Nierensuppe

2 Schweinenieren, Essig, 1 EL Margarine, 1 Bund Suppengemüse, 1 kl. Zwiebel, 1 l Würfelbrühe, 1 TL Mehl, $^{1}/_{2}$ Tasse Wein, Salz, Pfeffer.

Die Nieren von Sehnen und Röhren befreien, in lauwarmes Essigwasser legen, das nach 15 Minuten erneuert wird. Die Nieren abtrocknen, in Scheibchen schneiden und im erhitzten Fett leicht anbraten. Das Suppengemüse und die Zwiebel vorbereiten, gut zerkleinern, kurz mit dünsten. Mit der Brühe aufgießen, ca. 30 Minuten durchkochen lassen. Dann das Mehl im Wein verrühren, die Suppe damit binden. Mit Salz und Pfeffer nachschärfen.

Speckknödelsuppe

1 Brötchen, 50 g durchwachsener Räucherspeck, 1 Ei, 1 EL gehackte Petersilie, Semmelmehl, 1 l Würfelbrühe.

Das eingeweichte und gut ausgedrückte Brötchen mit dem gewürfelten, ausgebratenen Speck, Ei und Petersilie verrühren. Kleine Klößchen formen, in Semmelmehl wenden und in sanft kochender Brühe 10 Minuten gar ziehen lassen.

Kohlsuppe Balkan-Art

1 Zwiebel, 1 EL Margarine, 400 g Weißkohl, 1 Tomate, 1 l Würfelbrühe, Salz, Pfeffer, gemahlener Kümmel, 1 EL Essig, 1 große rohe Kartoffel, 1 Prise Zucker, 1/2 Becher Joghurt.

Die Zwiebel reiben, im Fett anschmoren. Den gehobelten Kohl und die enthäutete, geviertelte Tomate dazugeben, mitdünsten. Mit der Brühe aufgießen, ca. 40 Minuten durchkochen. Mit Salz, Pfeffer, Kümmel und Essig abschmecken. Die Kartoffel fein dazureiben, noch einmal aufkochen lassen. Von der Kochstelle nehmen und Zucker und Joghurt unterrühren. Geben Sie dazu kräftiges schwarzes Brot.

Minestra, italienisch

125 g durchwachsener Räucherspeck, 3 große Kartoffeln, 2 Tomaten, 1 Bund Suppengemüse, 2 Möhren, 2 Zwiebeln, 1 l Würfelbrühe, frischgemahlener Pfeffer, 1 Knoblauchzehe, 1 kl. Prise Thymian, 1 Tasse gegarte beliebige Nudeln, Salz, 2 EL geriebener Käse.

Den Speck würfeln und ausbraten. Die geschälten, klein gewürfelten Kartoffeln, die enthäuteten, geviertelten Tomaten, das vorbereitete und zerkleinerte Suppengemüse sowie die in Scheiben geschnittenen Möhren und Zwiebeln mitschmoren. Mit der Brühe aufgießen. Mit Pfeffer, dem gepreßten Knoblauch und Thymian würzen, 30 Minuten kochen. Die Nudeln und den Käse unter die fertige Minestra heben.

Salatsuppe, französisch

2 Köpfe grüner Salat, 1 EL Margarine, Salz, frischgemahlener Pfeffer, 1 Prise Muskat, 1 l Würfelbrühe, 1 EL Mehl, 1/2 Tasse Dosenmilch.

Die hellen Salatblätter in feine Streifen schneiden, im erhitzten Fett anschmoren. Mit den Gewürzen bestreuen. Mit der Brühe aufgießen, ca. 10 Minuten durchkochen. Durch ein Sieb streichen. Mit dem in der Milch angerührten Mehl binden. Nochmals kurz aufkochen lassen.

Sauerkrautsuppe

250 g Sauerkraut, 1 große Zwiebel, 100 g durchwachsener Räucherspeck, 1 Apfel, 1 Knoblauchzehe, 4 Wacholderbeeren, $^1/_2$ Lorbeerblatt, $^1/_4$ l Apfelwein, $^3/_4$ l Brühe, 1 Kartoffel, Salz, Paprika.

Das Sauerkraut waschen, zerpflücken. Mit der gehackten Zwiebel im gewürfelten Speck schmoren. Den geschälten, in Scheiben geschnittenen Apfel, die gehackte Knoblauchzehe dazugeben, unter Rühren miterhitzen. Wacholderbeeren und Lorbeerblatt in ein Tee-Ei stecken und mit der Brühe dazugeben. Die Suppe bei kleiner Hitze 60 Minuten durchkochen lassen. Wein dazugießen. Mit der geriebenen Kartoffel binden. Mit Salz und Paprika nachschärfen und zu dunklem, mit Paprika bestreutem Brot reichen.

Selleriecreme-Suppe

Ca. 300 g Sellerie, geschält gewogen, 3 Kartoffeln, 1 l Würfelbrühe, frischgemahlener Pfeffer, Salz, $^1/_2$ Tasse einfacher Weißwein, 1 TL Mehl, 1 TL Margarine, 2 Weißbrotscheiben.

Abbildungen: 5. Hühnertopf (s. S. 86)
6. Spaghetti Bolognese (s. S. 113)
7. Muschelsuppe (s. S. 107)
8. Gebackener Blumenkohl (s. S. 78)

Den Sellerie grob raspeln. Mit den geschälten, gewürfelten Kartoffeln in der Brühe in ca. 25 Minuten weich kochen. Dann im Mixer pürieren oder durch ein Sieb streichen. Mit Pfeffer, Salz und Weißwein würzen. Aus Mehl und Fett eine helle Schwitze bereiten, die Suppe damit binden. Über je 1 Scheibe frischgetoastetem Weißbrot anrichten.

Spinatsuppe, schwedisch

1 kl. Päckchen Gefrierspinat, 1 l Würfelbrühe, 1 EL Mehl, 1 EL Margarine, Salz, Pfeffer, geriebene Muskatnuß, 2 EL gehackte Petersilie, 1 EL gehackter Dill, 1 hartgekochtes Ei.

Den Spinat in der Brühe ca. 20 Minuten durchkochen lassen, ab und zu umrühren. Aus Mehl und Fett eine helle Schwitze bereiten, die Suppe damit binden. Mit Salz, Pfeffer und Muskat abschmecken, mit den Kräutern bestreuen. Mit Eierscheiben belegt zu Tisch bringen.

Tomatensuppe

400 g Tomaten, 2 Zwiebeln, 1/2 l Milch, 1/2 l Würfelbrühe, 1 TL Mehl, Tomatenketchup nach Geschmack, Zucker, Salz, Pfeffer, 1 EL Zitronensaft, 1 Brötchen, 1 EL Margarine.

Die Tomaten vierteln. Mit den Zwiebelringen in Milch und Würfelbrühe in ca. 15 Minuten weich kochen. Die Suppe durch ein Sieb geben, mit dem in wenig Flüssigkeit angerührten Mehl binden. Mit Ketchup, Zucker, Salz, Pfeffer und Zitronensaft pikant abschmecken. Mit den im Fett angerösteten Brötchenwürfeln servieren.

So können Sie diese sehr sättigende Suppe abwechslungsreich gestalten:

Mit viel gehackter Petersilie bestreuen. Die frischen Tomaten durch ca. 1 1/2 Döschen Tomatenmark ersetzen.

Mit Curry, Salbei oder geriebener Zitronenschale abschmecken.

Streifen von gekochtem oder gebratenem Fleisch (Resteverwertung) oder Wurst unterheben.

Gegarten Reis oder gekochte Nudeln dazurühren.

Exotische Bananensuppe

1 große Zwiebel, 2 große Bananen, 2 EL Öl, 2 Tassen kräftige Hühner-Würfelbrühe, 2 Tassen Milch, 1 TL bis 1 EL Currypulver, wenig Salz und Pfeffer, 1 TL Sojasoße.

Die grobgehackte Zwiebel und die Bananenscheiben im erhitzten Öl anschmoren, dabei die Bananen mit der Gabel zerdrücken. Gut durchrühren, damit nichts anhängt. Mit Brühe und Milch aufgießen. Mit Curry schärfen. Die Suppe 10 Minuten durchkochen lassen. Mit Salz, Pfeffer und Sojasoße abschmecken.

Diese aparte Suppe wird noch ergiebiger, wenn Sie sie mit Reis andicken oder über gerösteten Brötchenwürfeln servieren.
Sie können sie auch mit wenig gepreßtem Knoblauch, gemahlenem Ingwer oder etwas Kornschnaps abwandeln.

Wenn die Muscheln günstig zu haben sind, gibt es:

Muschelsuppe

Ca. 1000 g frische Muscheln, 1 Zwiebel, Salz, je 1 Prise Safran, Thymian, Pfeffer und fertig käufliches Muschelgewürz, 1 Bund Petersilie, 1 l Wasser, 1 Tasse Weißwein, Pfeffer, 1 EL Mehl.

Die Muscheln gründlich säubern. Evtl. nicht fest geschlossene aussortieren und wegwerfen. Mit Zwiebelringen, den Gewürzen, der gehackten Petersilie, Wasser und Wein ca. 15 Minuten bei starker Hitze kochen. Die Muscheln herausnehmen, das Fleisch aus den Schalen lösen. Die Brühe durchsieben, mit Pfeffer schärfen. Mit dem in wenig Wasser angerührten Mehl binden. Servieren Sie das Muschelfleisch in dieser Suppe, die sehr heiß sein sollte. Schwarzbrot und Butter dazu reichen.

Erbsen-, Linsen- und Bohnensuppe

sind immer richtig, wenn Sie gute und doch preiswerte Hausmannskost kochen möchten. Denn nur allzuoft geraten diese bewährten Gerichte in Vergessenheit. Und das ganz gewiß zu Unrecht: noch immer finden Hülsenfrüchte, mit Pfiff zubereitet und serviert, Anklang am Familientisch wie bei Gästen.

Grundrezept für Erbsen-, Linsen- und Bohnensuppe

Alle Hülsenfrüchte werden gut gewaschen und dann über Nacht in kaltem Wasser eingeweicht.

Die richtige Menge für vier Personen ist für die Vorsuppe: 150 g

für eine Eintopfsuppe: 350 g.

Am Morgen vor der Verwendung werden die Hülsenfrüchte mit dem Einweichwasser auf die Kochstelle gegeben und bei kleiner Hitze weich gekocht. Es brauchen:

Bohnen etwa 120 Minuten,

Erbsen etwa 120 Minuten,

Linsen etwa 70 Minuten.

Jeweils ca. 30 Minuten vor Ende der Kochzeit werden zerkleinerte Suppenkräuter, evtl. auch geschälte und in Würfel geschnittene Kartoffeln sowie gewürfelter, ausgebackener Speck dazugegeben. Die Suppe vor dem Servie-

ren mit Salz und Suppenwürze abschmecken, mit gehackter Petersilie bestreuen.
Würzen Sie Erbsensuppe einmal mit Majoran, Thymian und Nelkenpulver.
Oder rühren Sie 1 Tasse Apfelwein dazu. Oder reichen Sie sie mit knusprigen Bratwürstchen.
Linsensuppe wird besonders delikat, wenn Sie eine in Ringe geschnittene Paprikaschote mit $^{1}/_{4}$ l einfachen Weißwein mit kochen und kräftig mit frischem, feingeschnittenem Estragon würzen.

Zigeunersuppe »olé« – Ein Blitz-Eintopf

1 l Wasser, 1 Päckchen Maggi Zigeunersuppe, 200 g Corned beef, 1 Gewürzgurke, 1 Zwiebel, gehackte Petersilie.

Die Suppe nach Anweisung zubereiten. Corned beef, Gurke und Zwiebel in Würfel schneiden und in der Suppe heiß werden lassen. Mit Petersilie bestreuen.

Vom Kochen mit Mehlteigen und Teigwaren

Carl Friedrich von Rumohr, unser klassischer Ratgeber in Küchenfragen, hat uns dazu in seinem Kapitel »Von allerlei gesottenen und gebackenen Mehlspeisen« manches zu sagen: »Ein fester Suppenteig wird gewöhnlich in eigenen Fabriken angefertigt. Haushälter und Köche haben also nur insofern damit zu schaffen, als sie gute von schlechter Ware sollen zu unterscheiden wissen. Dies werden sie jedoch sehr leicht lernen. Ein gute Makkaroniteig muß beim Sieden etwa um zwei Drittel anschwellen und sehr weiß werden.

Man kann die Nudeln sowohl in Fleischbrühe als auch in Wasser und Salz absieden und alsdann mit angebrätelten Brosamen oder mit Butter und Parmesankäse als eine Zuspeise auftragen.

In Österreich und Bayern ist es auch üblich, den Nudelteil in einen Knopf zusammenzudrücken und sodann auf einem Reibeisen abzureiben. Dieses grobe Gereibsel wird alsdann an der Luft getrocknet und gibt auch in dieser Gestalt einen vortrefflichen Suppenstoff.

Solche gesottene Teige, welche sich ins Unendliche abändern lassen, sind den in Schmalz gebackenen vorzuziehen.«

Nudelgerichte, gerade in den mediterranen Ländern in Fülle und allen Variationen zu Hause, eignen sich wie kaum etwas anderes zum sparsamen Kochen: weil Nudeln gut sättigen und sehr gut mit allen kräftig gewürzten Soßen harmonieren.

Spaghetti Bolognese

Diese Art der italienischen Nudelzubereitung sollten Sie kennen und immer wieder praktizieren. Zwei Punkte sprechen dafür, gerade ihr den Vorzug zu geben: zuerst einmal der beinahe sagenhafte Ruf der Bologneser Kochkunst bei allen Gourmets, dann die Tatsache, daß gerade dort in Norditalien die uns geläufige mitteleuropäische Küche mit einer guten Prise vom Gout der lockenden, weiten Welt gewürzt wird.

375 g Nudeln, Salz, 100 g durchwachsener Räucherspeck, 1 Zwiebel, 200 g Gulaschfleisch, Salbei, Rosmarin, Paprika, 1/4 l Milch, 1 EL Mehl, etwas Zucker, geriebener Käse zum Bestreuen.

Die Nudeln in leicht gesalzenem Wasser nicht zu weich kochen, abtropfen lassen, mit kaltem Wasser abschrecken. Während die Nudeln kochen, die Soße dazu bereiten. Den Speck fein würfeln. Mit der gehackten Zwiebel und dem in Streifen geschnittenen Fleisch, Salbei, Rosmarin, Salz und Paprika gut durchschmoren. Mit der Milch aufkochen, 10 Minuten kochen lassen. Das Mehl in wenig Flüssigkeit anrühren, die Soße damit binden. Mit etwas in der Pfanne angebräuntem Zucker aromatisieren und färben. Die Nudeln werden mit dieser Soße gereicht und mit Käse bestreut.
Mit Salat servieren.

Spaghetti Siziliana

Sie werden mit einer Soße aus feingeschnittener Geflügelleber, Resten von gehacktem Schweinebraten, saurer Sahne, Salz, Pfeffer, Thymian und Lorbeer in eine feuerfeste Form gefüllt, mit Käse und Butterflöckchen belegt und überbacken.
Geben Sie dazu Tomatensalat.

Spinatnudeln

375 g beliebige Nudeln, Salz, 1 TL Margarine zum Fetten der Form, 1 EL Semmelbrösel, 1 EL Öl, 1 EL Mehl, 1 Tasse Milch, 1 Päckchen Tiefkühlspinat (ca. 450 g), $1/2$ Tasse kräftige Würfelbrühe, $1/2$ Tasse einfacher Weißwein, Salbei, Paprika, 1 EL Tomatenketchup, 2 EL geriebener Käse.

Die Nudeln in leichtem Salzwasser nicht zu weich kochen. Eine feuerfeste Form fetten, mit Semmelbröseln ausstreuen. Die Nudeln gut abtropfen lassen, mit kaltem Wasser abschrecken. Die Hälfte davon in die Form geben. Aus Öl und Mehl eine helle Schwitze bereiten, mit Milch aufgießen. Den aufgetauten Spinat dazugeben, gut durchkochen. Brühe, Wein, Salbei und Paprika dazurühren, mit Salz abschmecken. Auf die Nudeln geben, mit den restlichen Nudeln abdecken. Mit dem Ketchup beträufeln, mit Käse bestreuen und bei 220° in der Röhre 15 Minuten überbacken.

Sauerkrautauflauf Straßburger Art

375 g beliebige Nudeln, Salz, 375 g gegartes Sauerkraut, 1 Likörglas Weinbrand, 200 g durchwachsener Räucherspeck, 2 Zwiebeln, 2 Äpfel.

Die Nudeln in leichtem Salzwasser nicht zu weich kochen. Das Kraut zerpflücken, mit dem Weinbrand beträufeln. Die Hälfte der Nudeln in eine feuerfeste Form geben, mit dem Kraut bedecken. Den Nudelrest darauflegen. Den Speck würfeln, ausbraten. Zwiebeln und Äpfel schälen, kleinschneiden und im Speckfett weich schmoren. Speckwürfel, Zwiebeln und Äpfel auf die Nudeln verteilen, den Auflauf bei 200° 15 Minuten überbacken.

Wurst-Nudel-Pfanne

375 g Nudeln, Salz, 2 große Zwiebeln, 1 EL Margarine, 1 EL gewürfelter Räucherspeck, 250 g Fleischwurst, Schinkenwurst o. ä., 1 Döschen Tomatenmark, Salz, Paprika, etwas Rosmarin, 1 TL Mehl, 2 EL gehackter Schnittlauch.

Die Nudeln in leichtem Salzwasser nicht zu weich kochen. Abtropfen lassen, mit kaltem Wasser überbrausen. Die grobgehackten Zwiebeln im erhitzten Fett zusammen mit dem Speck durchschmoren. Die in Streifen geschnittene Wurst dazurühren. Tomatenmark in $^{1}/_{4}$ l Wasser auflösen, mit den Gewürzen und dem Mehl verquirlen, dazugießen. Die Soße unter Rühren aufkochen lassen, über die Nudeln geben. Mit Schnittlauch bestreut zu grünem Salat servieren.
Evtl. mit geriebenem Käse bestreut überbacken.

Sehen wir uns weiter in der Küche der Mittelmeerländer um. Denn gerade dort weiß man, auch aus einfachen Zutaten durch sorgfältige und wohlüberlegte Verarbeitung, durch richtiges Würzen und viele kleine Tricks das Beste zu machen.
Musterbeispiel dieser genügsamen Feinschmeckerküche ist die Polenta, ein nahrhafter, zu beinahe allem Fleisch und Salat passender Maisbrei. Auf den deutschen Speisezetteln konnte er nie völlig Fuß fassen. Weil Maismehl schwer zu haben ist? Oder weil man sich an Neues erst gewöhnen muß?
Beides ist kein Grund, ihn nicht zur Abwechslung ab und zu einmal zu Tisch zu bringen. Denn Maismehl kann durch Maisgrieß ersetzt werden.
Servieren Sie die Polenta mit Käse gewürzt. Diese pikante Variante (zu der Fleisch überflüssig ist) sagt unserem Gaumen am besten zu.

Käse-Polenta

150 g Maismehl oder Maisgrieß, $^{1}/_{2}$ l Wasser, Salz, 1 TL Margarine, 3 Eier, 1 EL Öl, 200 g Schafskäse oder 100 g geriebener kräftiger Hartkäse, 1 EL Margarine.

Das Maismehl oder den Grieß langsam in kochendes Wasser einrühren. Gut weiterrühren, bis die Masse fest und glatt geworden ist. Auf der Kochplatte bei kleinster Hitze oder in der heißen Röhre ausquellen lassen, dann salzen. Die Hälfte der Polenta in eine gefettete feuerfeste Form streichen. Aus den Eiern und dem erhitzten Öl Rührei bereiten, auf die Polenta-Schicht geben. Mit dem zerbröckelten oder geriebenen Käse bestreuen, mit dem restlichen Maisbrei abdecken. Mit Fettflöckchen besetzt 10 Minuten in der heißen Röhre überbacken.
Übriggebliebene Polenta wird in dicke Scheiben geschnitten und in heißem Fett auf beiden Seiten angebraten. Zu Salat oder Gemüse reichen.

Reis

muß nicht immer zurückhaltende, geschmacksneutrale Beilage sein. So sollten Sie ihn auch kennen:

Goldener Reis

1 Zwiebel, 1 EL Margarine, 2 Tassen Reis, 4 Tassen schwache Würfelbrühe, 1 Prise Ingwer, 1 Prise Curry, 1 EL Rosinen, $^1/_2$ Tasse Ananaswürfel aus der Dose.

Die Zwiebel fein hacken, im erhitzten Fett hell anschmoren. Den Reis dazugeben, anlaufen lassen. Mit der Brühe aufgießen, Ingwer und Curry sowie die Rosinen dazugeben. Bei kleiner Hitze ausquellen lassen. Vor dem Servieren die sehr gut zerpflückten Ananasstücke unter den Reis heben.
Dazu dünne, gebratene Fleischwurstscheiben und Salat reichen.

Gebratener Reis

6 Tassen gegarter Reis, 1 Zwiebel, 1 Knoblauchzehe, 2 EL Öl, 2 EL gehackter durchwachsener Räucherspeck, 2 EL Sojasoße, 1 Chillieschote.

Den Reis abkühlen lassen. Inzwischen die grobgeriebene Zwiebel und den gehackten Knoblauch in Öl zusammen mit dem Speck gut ausbraten. Den Reis dazugeben, unter ständigem Bewegen einige Minuten Aroma annehmen lassen. Dann die Sojasoße und die gehackte Chillieschote unterheben.
Geben Sie Salat dazu.

Java-Würzreis

2 Zwiebeln, 2 Knoblauchzehen, 1 EL Margarine, 1 Tasse Milch, 3 Tassen Wasser, 2 Tassen Reis, Salz, frischgemahlener Pfeffer, je 1 Prise Zimt. Kardamom und geriebene Muskatnuß, 2 Gewürznelken, 2 Gewürzgurken.

Zwiebeln und Knoblauch gut zerkleinern. Im erhitzten Fett anschmoren. Mit Milch und Wasser aufgießen, gut durchrühren. Reis und die Gewürze dazugeben, den Reis gar quellen lassen. Die in feine Streifen geschnittene Gurke unter den fertigen Reis heben.
Mit verschiedenen Salaten zu Tisch bringen.

Aus Resten von in Bouillon gegartem Reis lassen sich mit wenig anderen Zutaten ausgezeichnete Aufläufe bereiten. Scheiben von harten Eiern, Rühreier, aber auch in Streifen geschnittene Eierkuchen lassen sich ebensogut zum Füllen der Reismasse benutzen wie zerpflückter Räucherfisch, grobgehackte Wurst, Schinken oder gekochtes oder gegartes Fleisch. Natürlich macht sich auch Geflügel sehr gut dazu, und besonders fein sind Pilze (Dose) im Reis.
Jeder Soßenrest wird mitverwendet: über die letzte Reisschicht gießen. Mit Fettflöckchen bedecken oder mit Käse bestreuen, überbacken.

Maultaschen

werden überall dort geliebt und serviert, wo man schwäbisch »schwätzt«. Und das ganz gewiß mit Recht. Daß sie nicht längst weit über Schwaben und Baden hinaus ihren Siegeszug angetreten haben, liegt wohl daran, daß ihre Zubereitung Zeit erfordert. Doch mit ein wenig Übung wird auch sie nicht zu lang, wie Sie sehen werden.

400 g Mehl, 1 Prise Salz, $^{1}/_{2}$ Tasse Wasser, 3 große oder 4 kleine Eier für den Teig.

Alle Zutaten verkneten, 2–3 mm dick ausrollen, mindestens 30 Minuten lang ruhen lassen. Der Teig kann mit Fleisch oder Spinat gefüllt werden.
So werden die Maultaschen fertiggemacht:
Den Teig in Vierecke von ca. 10 cm Seitenlänge schneiden. Jeweils in die Mitte einen Klecks der Füllung setzen. Die Ränder mit Eigelb bestreichen. Den Teig zu einem Dreieck zusammenlegen, die Ränder fest andrücken. 10 Minuten in kochendem Salzwasser ziehen lassen. Spinat oder Salat oder auch nur gebratene Zwiebelringe sind die richtige Ergänzung.
Wenn Sie die Maultaschen kleiner machen, ergeben sie eine herrliche Einlage in Würfelbrühen.

Fleischfüllung

250 g gemischtes Hackfleisch oder Bratwursthack, 1 große Zwiebel, 1 EL Margarine, 1 EL gehackte Petersilie, Salz, Pfeffer, geriebene Muskatnuß, evtl. noch etwas Weinbrand.

Das zerpflückte Hackfleisch mit der gehackten Zwiebel im erhitzten Fett anschmoren. Die übrigen Zutaten dazugeben.

Spinatfüllung

1 kl. Päckchen Tiefkühlspinat, 1 EL Margarine, 1 große Zwiebel, 3 EL Dosenmilch, Salz, Pfeffer, 2 EL Semmelbrösel, 2 EL fein gehackter Schnittlauch.

Den Spinat auftauen lassen. Das Fett erhitzen, darin die geriebene Zwiebel und den Spinat durchdünsten. Mit den übrigen Zutaten verrühren.

Der einfache Teig, wie er für die Maultaschen verwendet wird, ist auch gerade recht für alle die pikanten Kuchen, die wir aus dem Französischen und Italienischen übernommen haben:

Zwiebelkuchen

ist eines der Beispiele dafür, wie köstlich Einfaches munden kann, wenn nur alle Zutaten, wie auch die Art ihrer Verwendung, perfekt aufeinander abgestimmt sind.

Teig nach dem Grundrezept Maultaschen (s. S. 120), dazu 3 EL gewürfelter durchwachsener Speck, 700 g Zwiebeln, 2 Eier, 1/2 Tasse saure Sahne, Pfeffer, Salz.

Den Teig ausrollen, auf ein Backblech oder in eine große Springform legen. Den Speck würfeln, ausbraten. Die grob gehackten Zwiebeln kurz mitschmoren, auskühlen lassen. Auf den Teig verteilen. Eier mit Sahne verquirlen, würzen und dazugießen. In der vorgeheizten Röhre bei 200° in ca. 30 Minuten goldbraun backen und heiß zu Tisch bringen.
Reichen Sie Apfelwein oder einen herben, kräftigen Weißwein dazu.

Speckkuchen

Teig nach dem Grundrezept Maultaschen (s. Seite 120), dazu Pfeffer, Kümmel, 300 g durchwachsener Räucherspeck, 1/2 Tasse saure Sahne, 1/2 Brötchen, 2 EL gehackter Schnittlauch, 1 Ei, 1 Zwiebel, 1 TL Margarine.

Mit dem Maultaschen-Teig ein Backblech oder eine große Springform belegen. Den Teig mit Pfeffer und Kümmel bestreuen. Den Speck in dünne Streifen schneiden, auf den Teig legen. Den Teig in ca. 25 Minuten bei 200° vorbacken. Der Speck muß nun duftend angebraten sein. Inzwischen die Sahne mit dem eingeweichten und wieder ausgedrückten Brötchen, Schnittlauch und Ei verrühren, mit Salz und Pfeffer würzen, dazugießen. Die gehackte Zwiebel im Fett anbräunen, darübergeben. Den Kuchen noch einmal für 10 Minuten in die Röhre geben, heiß servieren.
Der Speck kann auch angebraten werden und dann zusammen mit den übrigen Zutaten auf den Teig gegeben und gebacken werden. Das ist etwas weniger umständlich, dafür aber bleibt der Teig weniger würzig.

Pizza

gibt es in vielen Variationen – jede davon ist ideal, um mit wenig Geld ein vorzügliches Essen zu bereiten.
Für den Teig können Sie jeweils das Grundrezept der Maultaschen (s. Seite 120) benutzen.

Käse-Pizza Schweizer Art

150 g geriebener Käse, 1/4 l saure Sahne, 2 Eier, Salz, Pfeffer, 1 Prise Muskat, Paprika, 4 Scheiben Käse.

Den Teig nach Maultaschen-Rezept (s. Seite 120) herstellen. Den Käse mit Sahne, den Eiern und den Gewürzen verrühren, auf den Pizzateig gießen und in der auf 200° vorgeheizten Röhre 25 Minuten backen. Mit den Käsescheiben belegen, noch 10 Minuten in die heiße Röhre geben.

Pizza Napolitana

Teig nach Grundrezept Maultaschen (s. Seite 120), 150 g Salami, 150 g geriebener Käse, 750 g Tomaten, Salz, Pfeffer, Oregano, 1 TL Sardellenpaste, 1 EL Margarine.

Den Teig nach dem Grundrezept herstellen.
Die in Streifen geschnittene Wurst, den Käse und die enthäuteten, in Scheiben zerteilten Tomaten darauf verteilen. Mit Salz, Pfeffer und Oregano würzen. Die Sardellenpaste mit dem Fett verkneten, in Flocken darauf setzen. Schnell backen.

Pizza Romana

Teig nach dem Grundrezept Maultaschen (s. Seite 120), 1 kl. Dose Champignons (es können solche 3. Wahl sein!), 1 Zwiebel, 1 EL Margarine, 125 g Salami, 125 g geriebener Käse, $^{1}/_{2}$ Tasse saure Sahne, Salz, Pfeffer, 1 TL Stärkemehl, etwas Rosmarin und Salbei, 1 TL gehackte Petersilie.

Den Teig nach dem Grundrezept herstellen.
Mit den zerteilten, mit der Zwiebel im Fett angeschmorten Pilzen und der in Streifen geschnittenen Wurst belegen. Sahne mit Käse, den Gewürzen, Stärkemehl und den Kräutern abrühren. Mit der Petersilie vermischen, darübergießen. Schnell backen.

Pizza Marseillaise

Teig nach dem Grundrezept Maultaschen (s. Seite 120), 3 Zucchini, 3 Paprikaschoten, 2 Auberginen, 1 Zwiebel, 2 EL gehackter durchwachsener Speck, 100 g Käse, Salz, Pfeffer, Muskat, Paprika.

Den Teig nach dem Grundrezept behandeln.
Zucchini ungeschält in dünne Scheiben schneiden. Den Paprika vorbereiten, in Ringe zerteilen. Mit den geschälten, gewürfelten Auberginen und der grobgehackten

Zwiebel einige Minuten im ausgebratenen Speck durchschmoren, auf dem Teig verteilen. Den Käse reiben, darüberstreuen. Mit den Gewürzen bepudern und backen.

Pizza Florentina

Teig nach dem Grundrezept Maultaschen (s. S. 120), 1 Päckchen Tiefkühlspinat, 1 EL Margarine, Salz, Pfeffer, 1/2 Tasse saure Sahne, 1 EL Mehl, 1 EL gehackte Petersilie, 2 Tomaten, 4 Scheiben Käse, Paprika.

Den Spinat im erhitzten Fett anschmoren, kräftig salzen und pfeffern. Sahne und Mehl sowie die Petersilie unterrühren, auf den Teig füllen. Mit den enthäuteten, in Scheiben geschnittenen Tomaten und den Käsescheiben abdecken, mit Paprika bepudern, backen.

Pasteten für viele Gelegenheiten

»Kleine Pasteten von Butterteig füllet man mit allerlei Stoffen in wohlgebundenen, leicht säuerlichen Tunken. Alle zarten und leckeren Fisch- und Fleischarten eignen sich zu solchen Bereitungen. Es ist hier der Einbildungskraft der Köche ein weiter Spielraum zugemessen«, sagt Carl Friedrich von Rumohr.

Pasteten – ihnen haftet auch heute noch der Duft der klassischen, feinen Küche an. Doch gerade sie lassen sich mit einem Minimum an finanziellem Aufwand zubereiten.

Denn es ist nicht nötig, nur stets die teuer zu bezahlenden fertigen Blätterteig-Näpfchen zum Füllen zu verwenden. Hausgemachter, guter Blätterteig, dünn ausgerollt, mit einer ausgewogenen Farce gefüllt und zartgolden gebacken, macht alle kulinarischen Träume wahr. Und ist gewiß nicht teuer. Für die Füllungen lassen sich vorzüglich alle Arten von Resten wie auch preiswerte Zutaten verwerten.

Hier das Grundrezept für den Teig, der sich übrigens, mit Vanillezucker nachgewürzt, auch sehr gut für alle möglichen süßen Gebäckteile verwenden läßt.

Pasteten-Blätterteig

300 g Mehl, 150 g Margarine, 2 EL Wasser, 1 Prise Salz.

Alle Zutaten verkneten, kalt stellen. Dann den Teig mit Mehl ausrollen, zusammenlegen. Mehrere Stunden im Kalten ruhen lassen. Vor der Verarbeitung noch mehrmals ausrollen und wieder zusammenklappen.
Dieser Blätterteig (oder auch ein Rest davon) kann im Kühlen mehrere Tage aufbewahrt werden.

Auch den folgenden Teig können Sie als Grundlage für alle Pasteten benutzen:

Quark-Blätterteig

150 g Margarine, 150 g Quark, 200 g Mehl, 1 Prise Salz.

Die Zubereitung des Teiges erfolgt nach dem vorangegangenen Rezept.

So werden diese Blätterteige weiterverarbeitet:
In einer Dicke von ca. 3 mm ausrollen.
Dann zu Quadraten von ca. 15 cm Seitenlänge ausschneiden
und mit Farce bestreichen, zusammenrollen, zu Hörnchen biegen
oder die Füllung in die Mitte setzen. Die Ränder mit

Eigelb bestreichen. Den Teig so zusammenklappen, daß ein Dreieck entsteht. Dabei die Ränder fest aneinanderdrücken.
Oder kleine Tortelett-Förmchen auf allen Seiten mit Blätterteig auskleiden. Füllen.
Oder Boden und Wände einer Kastenform mit Blätterteig bedecken, vorbacken. Den hellgelben Teig der Torteletts- oder Kastenform mit der Farce bedecken. Mit einem Blätterteigdeckel abschließen, fertig backen.
Alle Arten von Pasteten sollten möglichst vor dem Backen mit Eigelb bestrichen werden.
Pasteten werden goldbraun gebacken – die Backdauer richtet sich nach der Dicke der Pastete. Noch heiß mit fertig gekaufter Worcester-, Austernsoße oder Tomatenketchup oder mit pikanter, selbstbereiteter Tomatensoße servieren.

Und nun zu den Füllungen. Die Zutaten reichen auch hier für ca. 4 Personen.

Käsefüllung

200 g geriebener Käse oder Schafskäse, 2 EL saure Sahne, 1 Ei, 1 EL gehackte Petersilie, Salz, frischgemahlener Pfeffer.

Alle Zutaten vermischen.

Hackfleischfüllung

1/2 Zwiebel, 250 g gemischtes Hackfleisch, 1 EL Öl, 3 EL Würfelbrühe, Tabascosoße, 1 Prise Muskat, 1/2 Knoblauchzehe, Salz, Pfeffer, 1 TL Weinbrand.

Die geriebene Zwiebel und das Hackfleisch im erhitzten Öl einige Minuten schmoren. Brühe zugeben. Mit den Gewürzen, dem gepreßten Knoblauch und Weinbrand schärfen.

Geflügelfleischfüllung

2 Tassen feingeschnittene Reste von gekochtem oder gebratenem Geflügelfleisch, 1 EL Margarine, 1 Prise Thymian, Salz, Pfeffer, 1 Eigelb.

Das Fleisch in dem erhitzten Fett durchschmoren. Mit den Gewürzen abschmecken, mit dem Eigelb binden. Zur Verfeinerung mit Madeira würzen.

Leberfüllung

1/2 Zwiebel, 1 EL Margarine, 250 g Hühner- oder Schweineleber, 1 Prise Salbei, 1 EL Sojasoße, etwas Ingwer, Salz, Paprika, 3 EL Dosenmilch.

Die geriebene Zwiebel im erhitzten Fett anschmoren. Die grob gehackte oder geschabte Leber dazugeben, ca. 5 Minuten braten. Alle anderen Zutaten dazugeben, gut durchrühren.

Lauch-Schinken-Füllung

4 Stangen Lauch, $^{1}/_{2}$ Zwiebel, 1 EL Margarine, 100 g roher, magerer Schinken, 1 EL Tomatenketchup, Salz, Pfeffer, 3 EL Dosenmilch.

Die zarten, hellen Teile vom Lauch in feine Ringe schneiden. Mit der geriebenen Zwiebel im erhitzten Fett anschmoren. Den gehackten Schinken dazugeben. Mit Ketchup, Salz und Pfeffer pikant abschmecken. Mit Milch binden.

Sauerkrautfüllung

100 g durchwachsener Räucherspeck, 200 g gedünstetes Weinsauerkraut, 1 EL Weinbrand, 2 EL Apfelwein.

Den Speck würfeln und ausbraten. Das zerpflückte Kraut kurz mit erhitzen. Mit dem Weinbrand und Apfelwein verfeinern.

Spinatfüllung

1 TL Margarine, $^{1}/_{2}$ Zwiebel, 200 g Tiefkühlspinat, 100 g magerer gekochter Schinken, 2 EL geriebener Parmesankäse, 2 EL Dosenmilch, Salz, Pfeffer, Salbei.

Das Fett erhitzen, die geriebene Zwiebel, Spinat und gehackten Schinken darin einige Minuten durchschmoren. Käse und Milch unterrühren. Mit Salz, Pfeffer und zerbröseltem Salbei würzen.

Tomatenfüllung

1 EL Margarine, $^{1}/_{2}$ Zwiebel, 300 g Tomaten, 1 EL Tomatenmark, 1 EL Mehl, Sardellenpaste nach Geschmack, 1 EL gehackte Petersilie.

Das Fett erhitzen. Die geriebene Zwiebel und die enthäuteten, geviertelten Tomaten 10 Minuten darin schmoren. Gut durchrühren, dann mit dem mit Tomatenmark vermischten Mehl binden. Mit Sardellenpaste abschmecken. Die Petersilie unterheben.

Auch das läßt sich wohlschmeckend in Blätterteig eingewickelt backen:
Knusprig gebratene Bratwürste.
Gekochte, geschmorte oder gebratene, gut gewürzte und von den Knochen befreite Schweinerippchen.

Scheiben von rohem Räucherspeck, um ein Stück Senfgurke gewickelt.
Gegarter Stangenspargel.
Zerpflückter Räucherfisch.
Streifen von gebackenem, gut gewürztem Schweineschnitzel.
Gegartes Gulaschfleisch, mit Streifen von mariniertem Paprika vermischt.
Auch süß läßt sich unser vielseitiger Pastetenteig aufs beste verwenden:

Zitronenfüllung

1 Tasse Zucker, 2 Eier, 1 Zitrone, 2 EL Dosenmilch, 2 EL Stärkemehl, $^{1}/_{2}$ Tasse Puderzucker.
Den Zucker mit den Eiern, Saft und abgeriebener Schale von $^{1}/_{2}$ Zitrone, Dosenmilch und Stärkemehl vermischen.

Die fertigen Blätterteigstücke mit einer Glasur aus dem restlichen Zitronensaft und Puderzucker bestreichen.

Apfelfüllung

6 säuerliche Äpfel, 2 Likörgläser Rum, 4 EL Zucker, 3 EL Rosinen, etwas abgeriebene Zitronenschale, 1 EL Stärkemehl, Puderzucker.

Die Äpfel schälen, im Mixer zerkleinern. Mit Rum, Zucker, Rosinen, Zitronenschale und Stärkemehl verrühren. Die fertigen Pasteten mit Puderzucker bestreuen, der auch vanilliert sein kann.

Marmeladenfüllung

je Pastete 1 EL Marmelade, einige Tropfen Zitronensaft, 2 EL Quark, 1 EL Stärkemehl. Zum Bestreichen Puderzucker, Marmelade.

Marmelade mit Zitronensaft, Quark und Stärkemehl verrühren, die Blätterteigvierecke damit dick bestreichen. Die fertigen, noch heißen Pasteten mit einer Mischung aus erhitzter Marmelade und Puderzucker bestreichen.

Quark für Genießer

Längst wird Quark nicht nur mehr von Gesundheitsaposteln gerühmt. Es hat sich herumgesprochen, daß er besonders eiweißhaltig und deshalb gut für die schlanke Linie, unentbehrliche Grundlage für eine Fülle köstlicher und dazu noch preiswerter Gerichte ist.
Ob Sie ihn, mit frischen Kräutern, mit Curry und Ingwer, mit gepreßtem Knoblauch oder Tomatenmark immer wieder neu abgewandelt, zu deftigem Brot servieren oder zum Dessert verarbeiten – er wird immer seine Freunde finden. Doch: kennen Sie auch folgende Rezepte, die sich nachzukochen lohnen?

Quarknocken

200 g Quark, 200 g Mehl, 2 Eier, Salz, 2 EL Margarine, 3 EL Semmelbrösel.

Quark, Mehl und Eier verrühren, salzen, einige Minuten stehenlassen. Längliche Klößchen formen, in kochendem, leicht gesalzenem Wasser ca. 7 Minuten gar ziehen lassen. Dann die Nocken vorsichtig aus dem Sud nehmen. Auf einem Sieb abtropfen lassen. Mit dem im Fett angebräunten Semmelmehl bestreut servieren.
Mit Bratensoße, Sauerkraut oder Salat reichen.

Quarkkroketten

10 kleine gekochte Kartoffeln, 250 g Quark, 2 Eier, 1 kleine Zwiebel, 2 EL Mehl, Salz, Fett zum Backen.

Die Kartoffeln schälen, fein reiben oder durchpressen. Mit dem Quark, den Eiern, der gehackten Zwiebel, Mehl und Salz verkneten. Kroketten formen, in heißem Fett rundum goldbraun backen.
Eine Salatplatte ist die richtige Beilage.
Besonders herzhaft werden die Kroketten, wenn Sie ausgebratene Speckwürfel mit unter die Masse kneten. Sie können auch mit feingeriebenem Majoran abschmecken. Oder gemahlenen Kümmel unter den Krokettenteig mischen.

Quarkstrudel

Zum Teig: 150 g Mehl, 1 Ei, 2 EL Wasser, 2 EL Öl, 1 Prise Salz. Für die Füllung: 500 g Quark, 2 Zwiebeln, Salz, Paprika, 100 g durchwachsener Räucherspeck, 1 EL gehackte Petersilie, 2 EL Tomatenketchup.

Aus Mehl, Ei, Wasser, Öl und Salz einen Strudelteig kneten, auf Pergamentpapier oder Alufolie sehr dünn ausrollen. Für die Füllung den Quark mit den sehr fein gehackten Zwiebeln verrühren, mit Salz und Paprika abschmecken. Den Speck würfeln, goldbraun ausbraten, dazugeben. Petersilie und Ketchup unterrühren, die Quarkmasse auf den Strudelteig streichen. Den Teig zusammenrollen – das geht mit Hilfe des Papiers oder der Folie ausgezeichnet. In der vorgeheizten Röhre bei 225° in ca. 40 Minuten goldbraun backen. Geben Sie dazu grünen oder Tomatensalat.

Abendessen – leicht und lecker

Schwören Sie auf die kalte Platte zum Abendbrot? Oder wird bei Ihnen die große warme Mahlzeit am Tagesende serviert? Oder gehören Sie zu den Lebenskünstlern, die wissen, daß Warmes auch leicht und köstlich originell – und dazu nicht zeitraubender als Kaltes zu bereiten sein kann?
Sehen Sie hier ein paar Beispiele, die allesamt gar nicht aufwendig sind. Und die auch nach einem späten Frühstück zum Mittagessen gereicht werden können.

Hirnschnitten

1 TL Margarine, 1 Zwiebel, 250 g Hirn, Salz, Pfeffer, 2 EL gehackter Schnittlauch, 1 EL feingehackte Petersilie, 1 Ei, 8 Scheiben Toastbrot, 1 Ei, Semmelbrösel zum Panieren, Fett zum Backen.

Das Fett erhitzen, die geriebene Zwiebel darin anschmoren. Das von den Adern befreite Hirn unter ständigem Rühren und Zerpflücken 10 Minuten miterhitzen. Salzen, pfeffern. Die Mischung von der Kochstelle nehmen, leicht abkühlen lassen. Mit den Kräutern und dem Ei verrühren. Auf die Weißbrotscheibe streichen. Halbieren Sie nun die Weißbrotscheiben so, daß Dreiecke entstehen, von denen je zwei mit der bestrichenen Seite zusammengelegt werden. In Ei und Semmelmehl wenden, im erhitzten Fett von beiden Seiten goldbraun backen. Frische Salate schmecken dazu ebensogut wie eine pikante Tomatensoße.

Straßburger Toast

8 Scheiben Toastbrot, 3 Tassen fertiggeschmortes Sauerkraut (Reste!), 150 g durchwachsener Räucherspeck oder roher oder gekochter Schinken, 1 kl. Zwiebel, 3 Eier, 2 EL Bratensoße.

Das Weißbrot toasten. Inzwischen das Sauerkraut erwärmen. Den Speck oder Schinken in feine Streifen schneiden, kurz anbraten. Die geriebene Zwiebel mitschmoren. Die verquirlten Eier und die Bratensoße dazugeben, unter Rühren stocken lassen. Auf die zu Dreiecken geschnittenen Toastbrote zuerst eine dicke Schicht Sauerkraut geben. Vertiefungen in die Mitte drücken, die Eiermasse hineingleiten lassen und sofort servieren.

Jägertoast

1 langes französisches Weißbrot, Champignons aus der Dose, etwas Butter, 1 Bund Petersilie, je 1 Prise Salz und Pfeffer, Lindenberger-Scheibletten.

Die Champignons abgießen, in Scheiben schneiden und in etwas zerlassener Butter dünsten. Petersilie fein wiegen, dazugeben und mit einer Prise Salz und Pfeffer würzen. Das französische Weißbrot in schräge Scheiben schneiden und die Champignons dick darauf häufen. Lindenberger-Scheibletten einmal der Länge nach durchschneiden und etwas übereinandergeschoben auf die Brote legen. Mit ein paar Champignons krönen. Unter dem vorgeheizten Grill zart-cremig schmelzen lassen.

Eierpfannkuchen

in vielen Variationen sind ein anderes probates Patentrezept für die gute, doch nicht teure Küche! Bereiten Sie die Eierkuchen nach diesem Standardrezept:

Ca. 3–4 Eier (je nach Größe) mit 250 g Mehl, 1 Prise Salz und $^{1}/_{2}$ l Flüssigkeit verrühren. Sie können Wasser verwenden, oder die Hälfte der Flüssigkeit durch Milch ersetzen.

Besonders locker werden die Eierkuchen, wenn Sie Mineralwasser statt normalem Wasser verarbeiten. Den Teig 10 Minuten quellen lassen, dann in erhitztem Fett dünne Fladen daraus backen. Sie sollen auf beiden Seiten goldbraun sein.

Die fertigen Eierkuchen werden für 5 Minuten in die vorgeheizte Röhre gestellt, sie gehen dann noch einmal auf.

Und so können Sie Ihre Eierkuchen delikat und preiswert abwandeln:

Den Teig kräftig mit Curry würzen.

Oder gegarte Nudeln (Reste!) sowie etwas geriebenen Käse unter den Teig mischen.

Grobgeriebene Kartoffeln, gehackte Petersilie und etwas Muskat zur Eierkuchenmasse geben.

1 Tasse gehackte Reste von gebratenem Fleisch und 1/2 eingeweichtes und wieder gut ausgedrücktes Brötchen zum Teig geben.

Tomatenpüree oder geriebenen Parmesankäse unterrühren. Den Teig mit gehackten Pfefferschoten schärfen.

Ihre Pfannkuchen werden gehaltvoller und origineller, wenn Sie den Teig über folgende, vorher angeschmorte Zutaten gießen:

Blutwurst in Schweinefett anbraten, Würfel von sauren Äpfeln mitschmoren. Dann den Teig dazugeben, die Eierkuchen von beiden Seiten goldbraun backen.

Weißbrotscheiben in Margarine anrösten, die Eierkuchenmasse mit Streifen von rohem oder gekochtem Schinken (Resteverwertung) und etwas getrocknetem Rosmarin verrühren, darübergießen und backen.

Wiener Würstchen der Länge nach halbieren, mit gewürfeltem durchwachsenem Räucherspeck anbraten. Die Eierkuchenmasse mit Erbsen aus der Dose und gehacktem Schnittlauch vermischen, dazugießen. Nicht zu dünne Eierkuchen backen.

Nach dem Nieren-Grundrezept (S. 27) vorbereitete Nieren in dünne Scheiben schneiden. In Fett anbraten. Mit einer mit gehackter Petersilie, etwas Worcestersoße und Zitronensaft abgeänderten Eierkuchenmasse begießen und backen.

In Streifen geschnittene zarte Salatblätter mit geriebener Zwiebel in heißer Margarine anschmoren. Mit der Eierkuchenmasse begießen.

Zwiebeln in sehr dünne Scheiben schneiden, in heißer Margarine weich schmoren. Mit viel frischgemahlenem Pfeffer und wenig Muskat bestäuben, mit etwas saurer Sahne begießen. Wenn die Zwiebeln weich sind, den Teig darübergießen.

Fertigen Spinat und geriebene Zwiebel unter die Eierkuchenmasse mischen.

Tomaten schälen, in Scheiben schneiden. In erhitzter Margarine einige Minuten schmoren lassen. Mit Estragon würzen, mit der Eierkuchenmasse begießen, backen.

Gewürfelten Räucherspeck mit Margarine ausbraten. Zwiebel dazureiben. In Streifen geschnittene Fleischwurst kurz mitrösten. Eierkuchenteig darübergießen.

Ebenso eignen sich Reste von Braten, Siedfleisch oder rohem oder gekochtem Schinken, um Eierkuchen gehaltvoll zu machen.

Salate

sind die besten Resteverwerter in der Küche! Mit ein wenig Fingerspitzengefühl und Phantasie können beinahe alle Fleisch-, Fisch- und Gemüsereste zusammengestellt und mit passenden Soßen und Gewürzen zu einer Einheit verbunden werden.
Ein Beispiel für solche Salate, mit denen sich schnell und ohne große Kosten Effekt machen läßt, ist der

Thunfischsalat

1 Dose Thunfisch (die Sie immer aus dem Sonderangebot in Reserve haben sollten!), 2 Tomaten, 1 Gewürz-, Senf- oder $^1/_2$ frische Gurke, 1 Zwiebel, 1 Apfel, 1 Stange Lauch, 2 hartgekochte Eier, 1 EL Schnittlauch, $^1/_2$ Becher Joghurt oder saure Sahne oder Dosenmilch, 2 EL Mayonnaise, 1 EL Zitronensaft, Salz, Pfeffer.

Den Thunfisch abtropfen lassen, zerpflücken. Die Tomaten enthäuten, in dünne Scheiben schneiden. Die Gurke grob hacken. Die Zwiebel in Ringe zerteilen, mit kochendem Wasser überbrühen. Diese Zutaten mit dem geschälten, gewürfelten Apfel, dem in feine Ringe geschnittenen Weißen vom Lauch und den grobgehackten Eiern vorsichtig vermischen. Schnittlauch mit Joghurt (oder Sahne oder Milch), Mayonnaise und Zitronensaft verrühren, mit Salz und Pfeffer pikant abschmecken und über die festen Zutaten gießen.

Register

Große Tafelfreuden

Von Edda Meyer-Berkhout und Isolde Bräckle. Format 18×21 cm, 268 Seiten, 12 ganzseitige Farbtafeln, 4 Seiten Schwarzweiß-Abbildungen, vierfarbiger abwaschbarer Glanzeinband. Mit einem farbigen Faltplakat zur Schnellinformation. DM 28,–

Auf dem neuesten Stand internationaler Erkenntnisse berücksichtigt dieses Buch sowohl alle Methoden des Gefrierens im eigenen Haushalt als auch die Verwendung des reichhaltigen Sortimentes von Tiefkühlkost. Appetitlich und frisch bleibt Tiefgefrorenes nur bei sachgemäßer Behandlung. Funktion, Wahl und Wartung von Gefrierschränken und -truhen, Lebensmittel, die sich zum Gefrieren eignen, ihre sachgemäße Vorbereitung und praktische Verpackung, das richtige Einlagern und die empfehlenswerten Aufbewahrungszeiten im Gefriergerät werden genau beschrieben. Darüber hinaus bietet das Buch erprobte Rezepte. Übersichtliche Tabellen dienen der schnellen Information.

Heimeran Kochbücher

FISCH
FISCH